Hendrik Jansen

Geistliche Lieder sowohl in Traurigkeit als in Freude in Gott

Mut zu schöpfen

Hendrik Jansen

Geistliche Lieder sowohl in Traurigkeit als in Freude in Gott Mut zu schöpfen

ISBN/EAN: 9783743679412

Hergestellt in Europa, USA, Kanada, Australien, Japan

Cover: Foto ©Lupo / pixelio.de

Weitere Bücher finden Sie auf **www.hansebooks.com**

Geistliche
Lieder/

So wol in Traurigkeit/ als in Freude/ in GOtt Muth zu schöpffen und andächtiglich zu singen.

Mit angehängter Ermahnung

worinne/und auch zu welcher Zeit der Mensch
sich Betrüben und Erfreuen solle: und daß
er sich nach dem Singen zur Wirckung
Gottes begeben
solle.

Denen auch beygefügt Lehrhaffte Sprü-
che/ Räthe oder Warnungen und Gebete / und
wie man fruchtbarlich Beten solle / mit zwischen-
lauffender Erklärung auf eine
Frage.

Alles durch

HIEL,

Das einwesige Leben Gottes.

Lehret und Ermahnet euch selber unter einander
mit Psalmen oder Gesängen und Lob-Gesängen und mit Geistlichen Liedern / in der
Gnade : und singet dem HErrn in euren
Hertzen. Col. 3. v. 16.

Gedruckt im Jahr 1687.

Lehrhaffte
Ermahnung
An den gutwilligen Leser / zu einer Vor-
rede dieser Lieder.

In jeglicher der mit den Augen des Geists beginnet zu sehen/und das Werck Gottes im Hertzen zu empfinden/wird allhier / durch Geistliche Lieder/wahrhaffte Lehren/Sprüche /und Göttliche Gebete/ermahnt, daß er in der Seele / durch die Wirckung Gottes / einen Unterschied zwischen Geist und Fleisch solle erlernen/ seine Freude und Traurigkeit (jede in ihrem Wesen) recht zu gebrauchen: und das durch den Geist des einwesigen Lebens/ zur Uberwindung der Sünden in GOTT.

2. Dann die Menschen (sie seyn dann Göttlich oder unGöttlich) werden alle von Traurigkeit und Freude getrieben und regiert: aber ein jeder von einem besondern Wesen und Geiste.

3. Der Göttliche Mensch hat seine Freude und Fröligkeit / wann er durch die Gnade Gottes / in der Verlaugnung sein selbst / von allen irdischen Eigenschafften des Fleisches / mit der Göttlichen Lust seines Hertzens/ geschieden ist: Also daß nichts in ihm lebe dann die Göttliche Natur JEsu Christi.

4. Und wann der Mensch dieses/durch die Verlaugnung sein selbst / wesentlich/ gnädig und Christlich in seiner Seele empfindet / so singet und spielet Er mit dem wesentlichen Geiste des HErrn in seinem Hertzen: und dancket dem himmlischen GOtt mit Psalmen und Lob-Gesängen / daß er der Freude des himmlischen Wesens in seinem betrübten Menschlichen Wesen theilhafftig worden ist: und daß die himmlische Freude seine irdische Traurigkeit überwunden hat. Und

ver-

verkündigt also das frölíche Wesen Gottes vor allen betrübten Seelen. Welches das rechte Singen der Psalmen und Lobs Gottes im Himmel und auf der Erden ist.

5. Wann aber derselbe Mensch/welcher seine höchste Lust und Liebe seines Hertzens zur heiligen tugendlichen Gottheit gesetzt und übergeben hat/ befindet/ daß er dieselbe Gottheit/ durch seine Eigensinnigkeit im Fleische/in seinem Hertzen und irrdischen Leben untergedruckt und getödtet/da sie ihme doch nichts dañ alle Tugend zur Seeligkeit zugebracht: Ja/ihme das Leben aus Gnaden gegeben hat: Alsdann fällt er in Traurigkeit und Wehmuth seines Hertzens über die Gütigkeit Gottes/ dieweil er befindet/ daß er das unschuldige Göttliche Wesen unschuldiglich in sich getödtet hat.

6. Und dann im Glauben und vertrauen zu GOtt bleibend/singet er auch seine Traur-Lieder undLeyd-Psalmen: und das mit Flehen und bitten/ in der Traurigkeit seines Hertzens/zu GOtt.

7. Und im Bitten und Flehen zu seinem GOtt/ begibt er sich mit allem seinem irrdischen Leben/ das er wider die Göttliche Natur/ zu ihrem Tode/ gelebt hat/ mit derselben Göttlichen Natur [dem Christo Gottes] in den Tod: und wartet/ leydender Weise/ auf das Leben Christi.

8. Und dieweiln er befindet/ daß GOtt getreu und barmhertzig ist/ und dem betrübten Menschen zu einem Troste stehet/ so ist er in seiner Traurigkeit noch frölich in der Hoffnung seines Gottes/ und kan nicht unterlassen/ GOtt zu dancken mit Psalmen und Lob-Gesängen.

9. Ja alle seine Traurigkeit und Freude die ihme widerfährt/ gebraucht er in dem wesentlichen GOtt des Himmels/ zu einer Verlaugnung sein selbst/ und zur Einwesigkeit seines Gottes: und es geschicht allesamt zu Gottes Preiß und seiner Seeligkeit.

10. Darumb zeuget der heilige Paulus auch wol

rechts

recht/ da er spricht: Daß die Göttliche Traurigkeit die Seeligkeit wircke: und irrdische Traurigkeit die Verdammnuß. 2. Cor. 7. v. 10.

11. Nun hat der irrdische Mensch/ der ihm selbsten lebet und nicht Gotte/auch seine Freude und Traurigkeit: Ja seinen Tod und Leben in seiner irrdischen Eigenschafft: welche Freude und Traurigkeit/ Tod und Leben nicht gegründet ist im Geiste Christi/ oder im Wesen Gottes/ darinne der Göttliche Mensch seine Freude und Traurigkeit hat. O nein. Sondern seine Freude und Traurigkeit ist in seiner irrdischen Eigenschafft zu sich selber/ dieweiln er die irrdische Eigenschafft nicht genug in seinen irrdischen Begierden bekommen noch vollbringen kan.

12. Dann wann ihme dünckt/ daß er in seiner Eigenschafft (darinnen er sich selber verdammt) zunimmt und vermehrt/ so ist er frölich in seiner Eigenschafft. Und ihn dünckt auch/ daß es eine Göttliche Freude sey: Und daß es ihm sehr wol gebe. Und singet und spielet auch seine Lieder/ zu einer Fröligkeit des irrdischen Wesens.

13. Wann ihm aber dünckt/ daß seiner Eigenschafft nicht wol/nach seinen irrdischen Begierden / gedient wird/so überfällt ihn der Tod in seinem irrdischen Leben/ den er zu einer peinlichen Traurigkeit leyden muß: Und lässet sich dann düncken er sey in einer Göttlichen Traurigkeit begriffen.

14. Und in derselben Traurigkeit/ die doch irrdisch ist/ will er auch seine Trauer-Lieder und Psalmen singen: und rufft darmit seinen irrdischen Gott [seine eigne irrdische Begierden] an/ daß er ihn doch in seiner Betrübnuß trösten wolle.

15. Allein diß ist die Traurigkeit die in ihrem Troste/die Verdammnuß in der Seelen wircket.

16. Darumb soll ein versuchter Mensch scharffe Achtung auf seine Freude und Traurigkeit haben: und/durchs Empfinden in der Seele/ sehen/ woher sie komme/und worauf sie bevestigt werde: nemlich

ob aus dem himmlischen Wesen / umb Gottes willen: oder aus dem irdischen Wesen / umb seiner Eigenschafft willen.

17. Kommt sie dann von GOtt aus der Göttlichen Natur / so wird sie die Seele [das Leben des Hertzens] zur ewigen frölichen Gottheit einführen. Und kommt sie aus der irdischen Eigenschafft / so wird sie die Seele in die tödtliche betrübte Verdammnuß bringen: welches nicht fehlen oder liegen kan.

18. Wer allhier nun recht acht auf hat / der kan mit seiner Freude und Traurigkeit nicht betrogen werden. Und die eitle Leichtfertigkeit / die der irdische Geist hervor bringet / wird seine Seele in ihrer eitelen Freude und Traurigkeit nicht befangen.

19. Dann ein übergebner Mensch / der sich selber in Gottes Willen übergibt / stehet unter Gottes Freude und Traurigkeit über seine Sünden. Und kan auch mit Paulo sagen : Leben wir / so leben wir dem HErrn. Und sterben wir so sterben wir dem HErrn. Rom. 14 v. 8.

20. In diesem Göttlichen Ubergeben soll der Mensch seine Freude und Traurigkeit / von GOtt und dem Geiste seines heiligen Wesens erwarten : Und also diese nachfolgende Lieder singen/zu Gottes Freude und Traurigkeit. Wie wir das ausführlicher im Verborgnen Acker-Schatz bezeugt haben / auf daß GOtt alles in allem sey. Nehmts zu Hertzen.

Und singet GOtt in euren Seelen Danck/
In seines Wesens Klang!

Geist

Geistliche Lehrhaffte
Trauer- und Danck-Lieder/
Einfältiglich (ohne Beobachtung der Kunst)
ausgegeistet/ zur Uberwindung der Sünden in GOtt.

Das I. Lied.
1.

SJngt GOtt mit
Danck/
Jns Wesens
Klang/
Mit Psalm und Lobgesang
Zn allen Zeiten:
Jns Wesens Krafft euch
freudig auszubreiten.
Sein wesentliches Liecht/
Gibt uns ein klar Gesicht:
Und weiset unsern Sin-
nen/
Wie GOtt in uns aus-
bricht/
Und sich verklärt von
innen.

2. GOtt gibt allein
Den Engeln Schein
Und führt sein Leben ein/
Wo keins vorhanden.
Macht kundt Gotts Lob
in allen seinen Landē.
Jhm bleib' allein die Ehr;
Er ists und keiner mehr
Lebt ihm / diß ist sein
Wille/

Nach seines Wesens Lehr/
So kömmt eur Geist in
Stille.

3. Gotts Wesens Grund
Werd immer kund
Durch unser Wort und
Mund;
Dem ist zu trauen/
Laßt solches uns in uns-
rer Seel anschauen.
Diß sey dein einig Ziel
Es bleibt und hält im
Spiel;
Jhm kanstu dich ergebē/
Sieh/greiff es an und fühl
Es ist das ew'ge Leben.

4. Gotts Wesens Geist
Erfüllt und weist/
Was das Gesetz uns heist
Jn diesen Tagen.
Dem kehr dich zu / nach
nichts sonst darffst du
fragen.
Den nun diß Wesen freut/
Der wird gebenedeyt /
Kein Wahn kan ihn
verdammen: (streit't/
Wo man vor solches
A 4 Ficht

Ficht Gott und Menſch
zuſammen.

5. Wer GOtt nun ſucht /
Ins Weſens zucht/
Der wird dadurch befrucht
Zu ſeinem Heile :
Diß führt ins Ein; ſonſt
fällt der Menſch in
Theile.
Biſt du ins Weſens Stand
So nimmt dichs bey der
Hand/
Umb dich allein zu führē
Weit aus der Zäncker Land
Wo nichts als Ruh zu
ſpüren.

6. Gotts Weſens Glut /
Das höchſte Gut
Sey ſtets dein guter muth;
Doch kenn's an Wer-
cken :
Gehorſam iſts / der dich
darzu kan ſtärcken.
Verborgen in dem Geiſt
Erfreu dich allermeiſt ;
Die Welt laß immer
fahren/
Mit dem was ſie verreiſſt/
GOtt kan dich wol be-
wahren.

7. Gotts Werck iſt rein
Und allgemein/
Auch ſchleuſt ſichs nicht al-
lein
In ein Perſone.
Es iſt Gotts Wind/wer
de hat/hat die Krone/

Er bläſet überall
Mit Brauſen und mit
Schall
Im Himmel und auf
Erden ;
Und muß in ſolchem Fall
Ihm Platz gegeben wer-
den.

8. Merck wie das Wort/
Am tunckeln Ort /
Tieff biß ins Weſen bort/
In dem ſolt du dich ſtär-
cken ;
Biß deſſen Krafft im
Geiſte greifft zun
Wercken.
Es iſt die Seeligkeit
Im Weſen dir bereit:
Diß ſuche/diß vermehre/
Diß gibt dir nach der Zeit
Vor wenig Schmach/
viel Ehre.

9. Des Weſens Art
In dir verwahrt /
Macht dich mit GOtt ver-
paart;
Diß laß dich richten /
In diſem leb/ ſonſt hilfft
es dich mit nichten.
Das Weſen iſt der Bund
Gemacht durch Gottes
Mund
Nach dieſem muſt du
ſinnen/
Und in deſſelben Grund
Des Höchſten Werck be-
ginnen.

10. Merck diß Gebot!

Werd

Werd eins mit GOtt /
Diß hilfft in aller Noth.
O ewigs Wesen/
Wir schreyn nach dir/
laß uns in dir genese:
Führ uns auf dich doch zu/
Setz uns in deine Ruh /
Und laß uns draus nicht
treiben.
Du bists du einig du
Laß uns in dir doch blei-
ben!

Das II. Lied.
1.

MEnsch lerne dich be-
reiten/
Das Wesen rufft dir zu;
Laß dich doch nicht verlei-
ten/
Im Leben findstu Ruh:
Gotts Krafft ist hoch ge-
trieben/
Der Tod ist ausgeschafft
Es ist nichts überblieben/
Als nur des Lebens
Krafft.

2. Ihr Seelen / geht ins
üben/
Trinckt aus des Lebens
Quell;
Davon lang ist geschriebē/
Der fleust nun rein und
hell.
Gotts Wesen müst ihr ha-
ben/
Das uns gantz neu ge-
biert:
Sucht höher keine Gaben/

Hier seyd ihr recht ge-
führt.

3. Gotts Wesen ist voll
Freuden/
Hat Ruh in seinem
Gang:
Und lehrt das böse meidek
Ohn Schatzung und
ohn Zwang.
Es weiß uns einzurichten
In einen freyen Muth;
Im Leben/Thun und Tich-
ten
Ist/diß das höchste Gut.

4. Diß Gut ist nun vor-
handen
Und in dem höchsten
Maaß/
Wahrhafftig ists entstan-
den/
Und ist nicht diß und
das.
Ein Miedling in den Wer-
cken
Sucht nichts als Eigen-
nutz;
Gotts Wesen kan uns stär-
cken /
Wo Schad ist/hälts uns
Schutz.

5. GOtt der geehrt muß
werden
Ins Wesens Herrlich-
keit/
Erscheinet jetzt auf Erden/
Uns zur Vollkommen-
heit.
Den sollen wir nun loben /
A 5   Sein

Sein Nam iſt ange-
nehm;
Sein Geiſt ſchwebt immer
oben/
Und macht ſein Volck be-
quäm.
6. Iſt Gottes Frucht nicht
ſafftig!
Wie rein iſt ſeine Art!
Niemand iſt hier ſtand-
hafftig/
Als der mit ihm gepaart.
Nichts böſes bleibt hienie-
den/
GOtt ſucht man früh und
ſpat:
Wer leben will im Frieden
Merck auf des Weſens
Rath!

Das III. Lied.

1. HEr!/laß uns doch be-
wahren
In dieſer böſen Zeit/
Vor allen falſchen Schaa-
ren:
Sie thun uns ja viel
Leyd!
HEr!/ es geſchicht aus
Neid/
Weil du's nicht kanſt ver-
blümen/
Wenn ſie ſich ſeelig rüh-
men:
Stärck uns in unſerm
Streit!
2. Sie mögen uns wol
plagen;

Wir ſind voll Sünd und
Noth;
Diß hört nicht auf zu na-
gen;
Das End iſt nur der
Tod.
O HErr in dieſer Noth/
Beſchütz uns durch dein
Weſen;
So kan die Seel geneſen/
Speiſ' uns mit Him-
mel-Brot.
3. Laß dein Geſetz uns
fangen
Sonſt wird der Sinn zu
alt;
Die Luſt bleibt im Verlan-
gen;
Die Sünd iſt mañigfalt.
HERR übe doch Ge-
walt;
Laß deinen Rath uns füh-
ren/
Wenn uns die Sünden
rühren
Gib deine Weisheit
bald.
4. Wer wird uns ſonſt er-
löſen
Aus dieſem Jammer-
thal/
Aus dieſem langen Böſen/
Aus dieſer Sünden-
Quaal;
O HERR/ groß iſt die
Zahl!
Gib daß wir in den Lü-
ſten

Uns

Uns ja nicht länger fristen:

Treib uns zur besten Wahl!

5. Du kanst dein Wesen geben/
Das bessert ins gemein:
Diß laß doch in uns leben
Bey groß und auch bey klein.

O HERR / du bists allein!
Du sä'st in uns die Liebe/
Auch Freud-und Tugend-Triebe!
Baut all auf diesen Stein.

6. Lernt nun eur Hertz bereiten
Ihr Menschen alle gar:
Gotts Wesen will sich breiten/
Und macht sich offenbar.
Das bleibt und ist ja wahr!
Drumb laßt euch doch erneuen/
Und von der Lust befreyen:
Nehmts an! die Sach ist klar.

7. GOtts heiligs Werck wird kräfftig
Man sieht es nun entstehn:

Wer damit ist geschäfftig
Der kan der Sünd entgehn.
HERR / laß uns zu dir flöhn
Daß wir nach dir uns strecken/
Dein Leben in uns schmecken/
Uns aus der Tieff erhöhn.

8. Der Segen aller Landen
Muß dieses Leben seyn:
Sonst kommen wir in Schanden
Und fühlen nichts als Pein.
O HErr / durch deinen Schein/
Laß doch dein Wesen leben
Und dem Gehöre geben;
Sonst schleicht das Gifft mehr ein.

9. GOtts Wesen wird sich weisen /
Es bringt durch Marck und Blut:
Wer dieses weiß zu preisen/
Der bleibt in guter Hut.
O HErr gib uns den Muth/
Daß wir davon nicht weichen/
Das Leben recht erreichen

A 6   Und

Und sehn das höchste
Gut.

10. Grund-heilig Gött-
lichs Wesen
Hülff uns doch nun fort-
an/
Daß wir dein Wort recht
lesen/ .
Und mercken was es
kan/
HErr/ führ uns auf den
Plan/
Das uns dein Leben rühre/
Und durch den Geist regie-
re!
Ade! du Sünden-Bahn!

Das IV. Lied.

1.

GOtt ewigs Gut/
gib uns den Muth/
Daß wir recht mögen
leben:
In deines Wesens Glut/
halt unser Seel in Hut!
hat man allhier des We-
sens Kron /
so lebt man wie vor Got-
tes Thron.
2. Der Erden-Geist/
der Welt-Sucht heist /
regirt nun auf dem Stu-
le.
Er herrscht und wird ge-
preist;
Wir aber sind durcheist:
Und starren vor Verfol-
gung schier/

weil nirgend ja kein
Helffer hier.
3. Gotts rechte Hand
hält bey uns Stand
und schützet unsre Seele;
Wir sind nach ihm ge-
nannt/
Er ist uns wol bekannt.
Er ist und bleibet allezeit
Das Leben aus der E-
wigkeit.
4. GOtt deine Ruh
Auf eins hinzu
Ist nun in uns verklä-
ret.
Du hasts gesagt du du /
So würcke nun und thu:
Laß allen Unfried über-
gehn /
Und bleib mit Friede bey
uns stehn.
5. Der Creutzes-Stand
Nimmt uns die Hand
Und führt den neuen
Menschen
Aufs innre Friedens-
Band
Und machts ihm recht be-
kannt.
Da wird ihm sein Ge-
schöpf erneut/
Und lebt er gar nicht
mehr im Streit.
6. Aus Eigensinn
Und Erd-Gewinn
Entsteht im groben We-
sen

Ein

Ein neidig Schand-Be-
ginn;
Seh spiegle dich darinn!
Wo man sein Hertz da-
von entfernt
Wird Gottes Wesen
bald gelernt.

7. GOtts WesensMacht
Und reine Pracht
Ist nun wol wahrzuneh-
men.
Wen man so weit gebracht
Steht Gottes Geist und
Wacht;
Dann wird der Fried
uns recht erklärt/
Und alles Unheil abge-
kehrt.

8. Des Dünckels Wahn
Vergeht fortan;
Der Geist des wahren
Wesens
Verjagt ihn von der Bahn
Daß er nicht tauren kan.
Einbildung und was
von ihr stammt/
Das muß in Tod/ und
wird verdammt.

9. Gotts himmlisch Liecht
Gibt den Bericht/
Was böß ist soll nicht
bleiben:
Es muß aus Gotts Ge-
sicht/
Er leid' und duld' es nicht.
Wenn Gottes Geist ist
unsre Krafft/

So wird was Arg ist
ausgeschafft.

10. Gotts Güt ist groß
Die steht nun bloß
Und ist wol wahrzuneh-
men:
Entsteht gleich Noth und
Stoß/
So ist man Aengsten-loß.
Doch will man in der
Güte ruhn/
So muß man nicht mehr
Böses thun.

11. Eins seyn mit GOtt/
Sey dein Gebot/
Und liebe GottesWesen.
Halt diß vor keinen Spott/
Bleib einfach biß in Tod.
Haß alle Trennung wie
die Höll/
Und lobe den Gott Israel.

Das V. Lied.

1.

MAch dich bereit
Lob GOtt allzeit/
Sey wesentlich erneut!
Wer GOtt Gehör will
geben
Der wird befreyt/
Vons Teuffels Neid/
Und führt ohn Streit
Ein Göttlich Leben.
Bist du vom Wesen Israel
So mustdu den Emanuel
Mit Furcht verehren.
Der die Gefahr
Zum neuen Jahr/

A 7 Gewiß

Gewiß und gar
  Von uns will kehren.
2. GOtt schickt am End
Vom Firmament
Den Geist der scheint und brennt /
  Gleich als ein Liecht im Stillen.
Der / so verblendt
War ungewendt /
Kommt nun und rennt /
  Zu GOtt mit Willen.
Israel herrsche du in Gott:
Emanuel ist in der Noth /
  Laß den regieren /
Der die Gefahr
Zum neuen Jahr
Gewiß und gar
  Weiß außzuführen.
3. So lern einmal
Du Menschen Zahl
GottsWesens edle Wahl;
  Das wird dich neu ge-
  bären:
Such überall
Auf Berg und Thal
So findst du Quaal /
  Die wird sich kehren.
Emanuel kömt in gestalt;
Israel brauche Gotts Ge-
  walt /
  Vor deine Sünden:
Der die Gefahr
Zum Neuen Jahr
Gewiß und gar
  Wird überwinden.
4. So nehmts nun wahr /
Gotts Werck ist klar /

Vor aller Himel-Schaar;
  Diß wird euch Hülffe
  leisten.
Es ist nun dar
Gäntz offenbar;
Fürcht euch kein Haar /
  • Darinn zu geisten.
Emanuel komm schaffe
  Rath / (hat
Daß Israel das Wesen
  Das GOtt will senden.
Der die Gefahr
Zum neuen Jahr
Gewiß und gar
  Nun ab wird wenden.
5. Gotts Werck ist rein /
Glaubts in gemein:
Es ist der rechte Stein
  In Sion einzulegen.
Nehmt dessen Schein
Ins Hertz hinein /
Lasts liechte seyn /
  Und recht sich regen.
Emanuel führt unser Sach
Israels GOtt hält mit
  uns Sprach
  Ins Hertzen Grunde:
Der die Gefahr
Im Neuen Jahr
Gewiß und gar
  Hinnimmt zur Stunde.
6. O Wesens-Gut /
O GOttes Glut
Halt unser Seel in Hut
  Zu allen guten Wercken.
Still Fleisch und Blut
Die falsche Brut
Umb unsren Muth

In

In dir zu stärcken.
Emanuel du rechte Krafft
Gib Israel dein Eigen-
schafft
Zu einem Wesen.
Hin ist Gefahr/
Im Neuen Jahr
Gewiß und und wahr;
Wir sind genesen!

Das VI. Lied.

MIt Lob im still'n
laßt uns den HErrn
preisen/
Und seinem Will'n
Pflicht-Schuldigkeit er-
weisen.
Weil er der Gnaden-
Quell/
Das Reich von Israel
Nun selbst hast einge-
nommen/
Uñ auch sein Wesen schnell
Ans Tages-Liecht ist
kommen.
2. Ein König ist
Nun selbst der HErr auf
Erden:
Ein jeder Christ
Kan jetzt erfreuet werdē.
Sein Wesen würckt mit
Macht
Und weiset seine Pracht/
In der gerechtē Stärcke:
Sein Friede blüht uñ lacht
in ungefälschtem Werke.
3. Sein Wesen scheint
Von lauter Liecht und
Güte/
Wer's mit ihm meint/

Wird anders im Gemüte:
Er tritt in Einigkeit
Und sucht Vollkommenheit
Mit GOtt und seinen
Frommen:
Ach! folgt doch dē Bescheid
Ihr werd't Verstand be-
kommen.
4. Die Erd und Höh/
Verneuet er im Grunde/
Man spürt kein Weh/
Itzt noch zu keiner stunde.
Drumb jauchtzet man und
springt/
Weil Gottes Stiñ erklingt
Durch Geistlich-reine
Zungen.
Seht wie sein Wort durch-
dringt! (sungen.
Gotts Wesen wird be-
5. Der Eigenwill
Liegt nun im Grund und
brennet:
Die rechte Füll (net
So man das Wesen nen-
Ist nun in voller Fahrt/
Mit Tugend stets gepaart.
Der Tod ist überwunden
Und Gottes Wesens Art
Wird frisch in uns ge-
funden.
6. Verwunderns werth
Bistu O HErr im Wesē:
Was uns beschwert
Davon sind wir genesen.
Was vormals bey uns
galt/
Hat nun nit mehr Gewalt:
Drauf

Drauf wir kaum kunten
dencken/
Haſtu uns nunmehr bald
Im Weſen wollen ſchen-
cken.
7. Gotts Warheit ſcheint
Im Weſen vor uns al-
len/
Sie ſteht vereint;
Die Lügen muß zerfallē:
Wenn ſie ſich friſt und
beiſt/
Muß ſie um was ſie preiſt/
In Abgrund ſich begebē:
Gotts wahrer Weſens-
Geiſt
Bringt uns in Himmels
Leben.
8. Das Eigenthum
Fällt nun/ ſambt ſeinem
Willen:
Des Weſens Ruhm
Erhebt ſich frey im ſtil-
len:
Gotts Leben und ſein
Band
Stellt uns in rechten
Stand;
Lobt ihn vor ſolche Gna-
ben!
Es hat uns ſeine Hand
Von Noth und Tod ent-
laden.
9. Des Todes Theil
Iſt in dem Pfuhl der
Höllen/
Da ſchwimts ohn Heyl

In lauter Schwefelwel-
len.
Des Himmels Friedens-
Zeit
Da weder Angſt noch Leid/
Zeigt nun ihr himmliſch
Weſen.
Lob Gott mit Luſt und
Freud/
Was lebet und geneſen.
10. Fruchtbarer Gott
Laß nun dein Weſen gei-
ſten/
Durchs Grund-Gebot/
Den Minſten und den
Meiſten.
Schaff' unſrem Weſen
Stärck
Zu allem guten Werck/
Wie es in dir verborgē:
Bleib unſer Augen-Merck/
So leben wir ohn Sor-
gen.

Das VII. Lied.

1.

NUmehr iſt Gott ver-
geſſen/
Die Welt herrſcht über-
all/
Und ſteht in ſich vermeſſen/
Und prangt mit groſſem
Schall.
Sie raubt Gott ſelbſt die
Ehre/
Und lebt nach ihrer Luſt/
Bekehr dich/ Menſch/ und
höre;

Hülff

Hülff deiner Seel vom
Wust.

2. Das Trauren macht
mir bange;
Der Schmertz ist meine
Speiß':
O GOtt! wart nicht zu
lange,
Hülff mir nach deiner
Weiß'.
Auf daß ich dich mag lobē
In beines Wesens Gut',
Aus deinem Geist von obē
Verschöpff mir mein Ge⸗
müth.

3. Du kanst mich / HErr!
regieren,
Auf diesem Erden⸗Ball,
Und meine Seele führen,
Daß sie nicht stürtz und
fall.
Gib deinem Geist die Stär⸗
cke;
Die Boßheit stürtz in
Koth;
Dein Wesen steh' im Wer⸗
cke,
In dieser unser Noth.

4. Die Last der Traurig⸗
keiten
Muß überstanden seyn;
Der Mensch hat seine Zeitē,
Biß daß er kommt in Pein.
Denn steht sein Aug ihm
offen /
Er rufft ist dann kein
Heyl,

Darauf mein Geist kan
hoffen?
Wird mir kein Trost zu
theil?

5. O GOtt! laß dich be⸗
wegen,
Sieh unser Leyden an!
Und gib uns deinen Segē /
Sonst ists umb uns ge⸗
than.
Dein wahr einweßig Lebē
Das nun dein Volck be⸗
gehrt,
Wollst uns aus Gnaden
geben!
Dein Geist werd uns
verklärt.

6. Laß unsre Lust sich wen⸗
den,
O HErr! in dieser Zeit;
Daß wir uns selbst nicht
schänden
Durch Rach/Zorn/Haß
und Neid.
Bewahr uns die Gedankē,
Zeuch sie auf dich hinzu;
Daß sie von dir nicht wan⸗
cken
Aus deines Wesens Ruh.

7. Vereint in deinem We⸗
sen
Laß uns / O Heiland,
seyn!
So können wir genesen,
Und du bist groß allein.
Dein Kiecht kan uns erhebē
Zu deines Wesens Zier,
So

So führen wir das Lebens
Des Himmels schon all-
hier.

8. Nun Seele / sey zu frie-
den /   (That:
GOtt lebt nun in der
Er herrscht in uns hienie-
den /
Er gibt uns Gnad' und
Rath :
Wol den'n die er erkohren !
Die er im Geist erhält /
Die werden nicht verloren
Mit dieser wilden Welt.

Das VIII. Lied.

MEnsch auf ! wilst du
genesen /
Sih deiner Boßheit noth :
Nah dich zu Gottes Wese /
Sonst bleibst du ewig
todt.

2. GOtt / der erhöcht muß
werden /
Und seines Wesens Licht /
Erscheinet nun auf Erden ;
Sein Glantz verbirgt
sich nicht.

3. Er hat allein die Ehre /
Er sey allein dein GOtt !
Dem gib allein Gehöre /
Recht thun / ist sein Ge-
bot.

4. Sein Wesen nimm zu
Ohren /
Ja in des Hertzensgrund :
Sonst bistu gantz verlorē /
Itzt und zu aller Stund.

5. Das Leben aller Bösen /

Verschlinget doch der
Tod :
Und uns wird er erlösen /
Aus unser grossen Noth.

6. Hierauf wollt ihr nun
dencken /
Die ihr in Boßheit lebt :
GOtt wird euch Gnade
schencken /
Weñ ihr euch ihm ergebt.

7. Wird jemand nicht ge-
boren
Aus seinem Himelsgeist /
So ist er nicht erkoren /
Und bleibt unausgeeißt.

8. Drumb will der HErr
der Schaaren /
Auf diesen letzten Tag
Sein Urtheil offenbaren /
Dem niemand wehren
mag.

9. Er läst Posaunen klingē ;
Ihr Laut geht überall :
Was wirds den Bösen
bringen ?
Für Freude bittre Gall.

10. GOtt hält nunmehr
Gerichte
In vieler Gegenwart ;
Sein Volck verbleibt im
Liechte /
Und lebt in seiner Art.

11. Drumb werden ihn
nun loben /
Die so des Lebens werth ;
Hierunten und dort oben
Wo sich sein Geist ver-
klärt.

12. Diß

12. Diß nimm ins Hertz
von innen/ (Platz :
O Mensch/ und gib ihm
Wirst du es dar beginnen/
So findstu disen Schatz.

13. Denn wirst du nicht
betrogen (Bild/
Durch deines Wahnes

Das dich bißher belogen/
Und nie die Lust gestillt.

14. Fürst voll vom Tu-
gend-Wesen/
Bleib unser Eigenthum !
Laß unsre Seel genesen/
Zu deines Namens
Ruhm !

Das IX. Lied.

1. HERR meine Lust/ rühr mir die Brust/
Daß ich die Seele zu dir wende:
In deiner Lehr/ den Fleiß vermehr/
Zu deines Namens Preiß und Ehr:
Hilff mir zu einem guten Ende.

2. Deins Wesens Gut gibt mir den Muth /
Führ mich darbey auf rechter Strassen !
Wenn mir dein Geist/ dein Wesen weist/
In dir zu leben allermeist/
So wollst du/ HErr/ mich nicht verlassen.

3. Laß mir/ mein Hort/ deins Wesens Wort/
Das aller Fleisches Art verborgen/
Das Macht uns fein durch seinen Schein;
Daß wir dadurch recht sauber seyn/
HErr/ laß nicht ab vor uns zu sorgen !

4. Dein Wesen steht vor uns erhöht;
Das kan uns von den Lastern führen/
Und von der Sucht / zu deiner Zucht/
Da unsre Seele wird befrucht:
HErr/ du wollst uns allzeit regieren.

5. Wo soll ich stehn ? Wo kan ich gehn/
Da HERR/ dein Geist nicht hin kan kommen?
In Berg und Thal / und überall/
Führt er das Hertz zur Gnaden-Wahl:
Wol dem der seinen Ruhm vernommen!

6. Brauch deinen Mund / des Wesens-Grund
Mit seinen Kräfften zu bezeugen:
Sein Geistlich Werck/ dein Augen-Merck/

Sey

Sey deiner Seelen Liecht und Stärck:
 Daß wir dich ſtets mit Brüſten ſäugen.
7. Willſt du dich freu'n und luſtig ſeyn /
 So rühm den groſſen GOtt von oben:
Sein Geiſt hat Macht / nimm dich in acht/
Er ſtrafft was ihm entgegen tracht.
 Sein Nam iſt herzlich und zu loben.
8. Nun iſt die Zeit/die uns befreyt /
 Wenn wird gefangen ſind in Sünden.
Wer recht erſteht / und ſich erhöht /
Von aller Luſt in der er geht /
 Weiß Gottes Gnade recht zu finden.
9. Geh nun ins Feld / da wirds vermeldt;
 Dort weiß der HERR dirs vorzutragen:
Der Engel gar bezeugt dirs klar /
Was er vom Weſen ſagt / nimm wahr/
 Sonſt bleibſt du gantz von GOtt verſchlagen.
10. Gotts rechte Hand wird nun bekannt/
 Tracht ſeiner Gnaden anzukleben:
Sieh an die Macht/ſey auf der Wacht/
Gieb in dem Hertzen recht brauff acht/
 So führt ſie dich ins Himmels Leben.

11. Stell Gottes Liecht dir ins Geſicht
 Und wandle dann in allen Landen.
Mach dich bereit in Frömmigkeit
Das Leben iſt auf deiner Seit
 Und du wirſt nimmermehr zu ſchanden.

12. Diß iſt gotts Rath; laß böſe That
 Nimm ſeinen Willen ſtets zu Hertzen:
Fleuch Heucheley/bleib ſchlecht und treu /
Sonſt ſteht dir Gottes Huld nicht bey/
 Und du biſt ſtets im Seelen-Schmertzen.

13. Des Weſens Klang ſingt den Geſang /
 Umb uns voll Freud in GOtt zu kehren:
Die Welt ſchau recht/ und ihr Gemächt/
Enthalt dich von dem Schalcks-Geſchlecht /
 So wird dein Leben ewig währen.

14. O

14. O GOtt! mein Fürst/ich weiß du wirst/
　　Mir diese Gnade stets beweisen!
Gib uns zu Lohn des Himmels Thron/
Das ist dein Wesen und dein Sohn:
　　So wolln wir dich ohn Ende preisen.

Das X. Lied.

1. DJe arme Seel beklaget sich/
　　　Was ihr nun leider! ist geschehn:
Daß sie mein liebster HERR/ ach dich/
　　Und deinen Geist gantz nicht kan sehn.
Das macht daß sie so traurig ist
　　Und kan nichts frölichs weisen:
HERR gib die Zeit mit Frölichkeit/
Daß sie im Leben neu befreyt
　　Dich kan ermuntert preisen.

2. GOTT ist mein Trost in aller Noth/
　　Durch seinen Geist alleine;
Er macht mich lebend in dem Tod
　　Und stellt mich auf die Beine:
Daß ich kan in sein Wesen gehn/
　　So andern ist verborgen:
Und seine Macht wird in mich bracht/
Weil ich sein Wesen hab in acht:
　　Auf ihn werff ich mein sorgen.

3. Gib GOTT allzeit deins Hertzens lust
　　Zu einem Opffer-Brande:
So weicht der Teuffel und sein Wust/
　　Und du bleibst nicht in Schande:
Dir wird die Seel in GOtt bewahrt
　　Du kanst in Demuth streiten;
Gotts ewigs Gut hält deinen Muth
Zum wahren Leben stets in Glut/
　　Sein Geist läst dich nicht gleiten.

4. Zum Zeichen ist das Tav gestellt
　　In unsers Hertzens Grunde:
Wol dem ders hat/ und fleucht die Welt/
　　Nun und zu aller Stunde.
Gotts Urtheil steht in seiner Krafft

Die

Die Schaf und Böck zu ſcheiden;
Zu aller Zucht/zu Gottes Frucht/
Da man der Seelen Beſtes ſucht/
    Wach auf ! willſt du nicht leiden.

5. Das Brünnlein Gottes fleuſt nun klar
    Die Durſtigen zu laben:
Bereit die Seele gantz und gar
    Empfang des Höchſten Gaben.
Der Tag des HErren bricht herfür/
    Die ſeinen ſtehn im Lichten:
Menſch komm heran auf Gottes Bahn/
Wol dem der hier recht wandeln kan/
    GOtts Leben einzurichten.

6. Lobt GOtt allzeit in ſeinem Geiſt/
    Der nun auch herꝛſcht auf Erden:
Wol dem der ſich mit Luſt befleiſſt
    In ihm durchfeurt zu werden.
Wer recht in ſeinem Weſen lebt
    Der iſt aus Gotts Geſchlechte:
Gerechtigkeit iſt ſtets ſein Kleid
Er iſt zu Gottes Lob bereit/
    Sein Geiſt bringt ihn zu rechte.

7. Den Tag der ewig ſcheinen ſoll
    Ein Liecht aus Gottes Liechte
Verklärt nun GOtt/ ſein Glantz iſt voll;
    Er ſcheint uns ins Geſichte.
Menſch thu der Erden Blindheit ab/
    In der du biſt befangen:
Führ deinen Pfad nach Gottes Rath/
Leg ab was den vertrieben hat/
    So kanſt du Gnad erlangen.

8. O GOtt ! Du meines Lebens Cron/
    Erhör doch mein Begehren:
Schaff mich aufs neu aus deinem Thron/
    Laß mich im Geiſt verklären/
In dir gläntzt aller Himmel-Schaar;
    Du gibſt das rechte Leben;
Dein ſey der Preiß im Erden-Kreiß!

                Menſch

Mensch schick dich doch zu GOtt mit Fleiß/
   Der kan dir alles geben.

Das XI. Lied.

1. O GOtt mein Theil/ wo ist dein Heyl
   Weil dich die Welt vertrieben?
Des Menschen Hertz/ treibt mit dir Schertz/
   Wo ist dein Christus blieben?
Er leidt mit Spott/ noch itzt den Tod:
   Entäussert aller Ehren:
GOtt ist gefaßt; der Mensch verhaßt:
   Ach will dann niemand hören!

2. O Himmels-Gut gib mir den Muth/
   Dich ewiglich zu loben:
Gib mir die Stärck' auf jedes Werck/
   Dein Geist sey in mir oben:
So wird bekannt des Wesens Stand
   Im Himmel und auf Erden:
Gerechtigkeit herrscht weit und breit/
   Wie kan es besser werden?

3. Des Wesens Tag der alls vermag
   Bricht an mit seinem Liechte:
Den nehmet wahr/ er scheinet klar/
   Geht faßt ihn ins Gesichte.
Diß ist die Bahn/ die tretet an/
   Laufft fort und steht nicht stille:
Ins Wesens Macht habt auf euch acht/
   Verflucht sey eigner Wille.

3. Seyd froh in GOtt/ halt sein Gebot
   Lernt nach dem Wesen leben.
Sein Lob und Ehr werd immer mehr;
   In ihn muß man sich geben.
Er speist allein; Uns ins gemein/
   Mit seinen Himmels-Gaben;
Die Er bereit/ durch Gütigkeit
   Die Seelen recht zu laben.

5. Habt Brunst im Geist/ weil er euch weist
   Der Zeit nicht zu vergessen/

                  Nehmt

Nehmt auf der Wacht / die Seel in acht
   Seyd nicht in euch vermeſſen.
Lernt ſchlecht und klein im Weſen ſein
   Laſt GOTT allein euch treiben
Des Weſens Reich ſey ſtets in euch/
   Bey GOTT iſt gut zu bleiben.
6. HERR unſre Zier / diß wünſchen wir/
   Dein Weſen ſoll regieren:
Mach uns bereit zur Seeligkeit
   Du weiſt uns wol zu führen.
Wann wir nur recht als dein Geſchlecht/
   In Sünden nicht mehr ſorgen;
So ruht die Bruſt in deiner Luſt/
   Und lebt in dir verborgen.

Das XII. Lied.

1. Ich kan in meiner groſſen Noth
   Das Streiten nicht vermeiden:
Die Eigenheit droht mir den Tod/
   Viel Angſt und Pein muß ich drum leyden.
2. Drumb kommt bey GOtt mein Klagen ein/
   Der kan die Feinde ſchänden:
HERR / laß ſie nicht mein Meiſter ſeyn/
   Komm beuge ſie vor meinen Händen.
3. Was ſollen ſie durch Eigenheit
   Dein Weſen ſo bekämpffen?
Iſts doch nur Laſterhafftigkeit:
   Du kanſt mit deinem Geiſt ſie dämpffen.
4. Drumb laß doch die zu Grunde gehn /
   Die wider mich ſich ſtellen/
Und deinem Weſen widerſtehn:
   Ihr eigen Böſes muß ſie fällen.
5. Laß diß der Feinde Straffe ſeyn/
   Daß ſie ſich ſelber Plagen:
Ihr Haß ſey ſelbſten ihre Pein/
   Und laß den Tod ſie ewig nagen.
6. Laß mich mit freyem Muth/ O GOtt
   Diß alles überſiegen/

Was wider dich und dein Gebot/
    Damit es müsse unterliegen.

7. Das ist den Rechten nach/ der Schluß
    Das GOtt soll selbst regieren:
Und der soll leben ohn Verdruß
    Der sein rein Wesen sucht zu führen.

8. Nun ist es Zeit/ du böse Rott/
    Du Feindin guter Lehren;
Die Gottes Wesen hält für Spott/
    Desselben Hand soll dich zerstören.

9. Die Heilgen Gottes werden doch
    Die Ober-Hand behalten:
Es wird das Wesen GOttes noch
    In Tugend über alles walten.

10. HERR/ unser Vatter/ Fürst und Heyl/
    Hör an was wir begehren!
Bleib unser und der Frommen Theil/
    Dein heilig Wesen zu verklären!

Das XIII. Lied.

1. HERR/ sieh ich steh allein und bloß!
    Wo ist doch deine Hand geblieben?
Des Fleisches Untreu ist so groß/
    Und will viel Boßheit an mir üben:
Weil meine Seele sucht dein Werck/
    Tracht mir der Neid viel einzustreuen:
Drumb gib mir deines Geistes Stärck/
    Von Eigenheit mich zu befreyen.

2. Wer hätt es immermehr gedacht/
    Daß Fleisch so viel wiss' auszurichten?
Die Eigenschafft steht auf der Wacht
    Umb unsre Seel' ihr zu verpflichten:
So sinckt sie in der Höllen Grund
    Daraus sie nimmer kan gelangen:
Dardurch wird GOttes Wesen wund:
    HERR laß mich doch von ihr nicht fangen!

3. Du siehst es ja/ ich trau auf dich:
    Und muß dir meinen Unmuth klagen:

B   Der

Der Eigenwill bedrieget mich/
  Und denckt mich gar von dir zu jagen:
Ich soll nur stehn in ihrer Pflicht/
  Darüber bin ich so verdrossen;
Sie achten ja dein Wesen nicht/
  Und reden nur vor ihren Possen.
4. Wer sucht/O HERR/ auf dir zu ruhn
  Von allem diesem Fleisches-Saamen/
Daß du ihn sollst viel gutes thun?
  Sie suchen ja nur ihren Namen.
Ihr Eigenwill ist selbst ihr Pfad/
  Sie alle sind von dir entfernet:
Auch hören sie zwar deinen Rath/
  Und haben doch nichts guts gelernet.
5. Laß all mein Sinnen/HERR/ allein/
  In deinem Wesen sich beschrencken;
Daß ich nicht denck auf eignen Schein/
  Umb mich ins Eigenthum zu sencken.
Bewahr mich vor der falschen Schaar/
  Gib ihr nicht Raum in meinen Tagen:
Sie kürtzen mir sonst manches Jahr:
  Wem hab ich diß als dir zu klagen.
6. Sey du/ HERR/ meine Zuversicht/
  Laß mich dein Wesen stets anschauen:
Der Eigenwill verträgt mich nicht/
  Demselben kan ich gar nicht trauen.
Ich hielt ihn ehmals auch vor gut/
  Er aber hat mich grob betrogen;
Ich fusst' auf ihn in meinem Muth/
  Und ward dabey durchaus belogen.
7. Du stehst/O HErr/gibst nicht die Flucht/
  Du bleibst/ auf dich kan man sich gründen:
Was Fleisch ist/ hab ich untersucht/
  Und meinte Treu dabey zu finden:
Allein sie trügen gantz und gar/
  Und lügen GOtt zu allen Stunden:
Du bist allein ohn Falsch und Wahr/
  Was Fleisch ist hab ich untreu funden.

                              8. HErr

8. HErr mein GOtt / es ist anders nicht/
   Dein Wesen können sie nicht erben :
Dein recht es Urtheil im Gericht /
   Geht über sie / sie sollen sterben.
Ihr' eigne Schuld häufft ihre Pein;
   Dein Wesen wollen sie nicht treiben;
Und so auch nicht im Leben seyn/
   Drumb müssen sie im Tode bleiben.

Das XIV. Lied.

1. WEr unter Gottes Wesen eingesessen
   Der ist bey dem in grosser Ehr:
Er redt mit ihm bißweilen gantz vermessen:
   Du bist mein Schutz ! und hat Gehör.
   Dir trau ich immer mehr und mehr/
Und kan dein Wesen nicht vergessen.

2. Von Feinden die mir meine Seele jagen /
   Und von der bösen Sinnen Rath
Wird Gott mein HErr mich retten und entschlagt:
   Wenn nur mein Geist sein Wesen hat /
   Ist er mein Trost und Hoffnungs-Pfad /
Ich weiß ich werd ihm wol behagen.

3. Die Warheit soll mich wie ein Schild bedecken /
   Dadurch werd ich bey Tag und Nacht /
Befreyet seyn von aller Furcht und Schrecken:
   Des Neiders Pfeil hat keine Macht.
   Nehm ich sein Wesen nur in acht /
So wird sein Heyl sich zu mir strecken.

7. Viel werden fallen / die mir stehn zur Seiten/
   Zehn tausend an der rechten Hand:
Kein Böses wird hinfort mich mehr bestreiten;
   Weh dem der mir thut Widerstand !
   Den werd ich sehn in Spott und Schand
Er wird in seiner Hoffnung gleiten.

8. O HErr/du bist mein Hoffen und Verlangen:
   Dein Wesen ist mein bestes Loß:
Das decket mich/ daß wird mich gantz umbfangen;
   Und stünd ich auch gleich noch so bloß;
   So werd ich ruhn in deiner Schoß/

B 2   Ver-

Verhüllt vorm Bösen und verhangen.

6. Das Arge wirst du stets von mir vertreiben :
Ich werde leben unverletzt;
Auch werd ich stets in deinem Wesen bleiben /
Das ich als wie dein Haus geschätzt;
Da ich dein Wort mir vorgesetzt/
Das wollst du mir recht einverleiben.

7. Diß heil'ge Wesen wird mir wol gedeyen /
Und mich beschirmen Nacht und Tag :
Im selben werd ich allzeit zu dir schreyen.
Wenn ich dir so die Noth vortrag'/
Erhörst du mich in meiner Klag'/
Und wirst mir meine Seel' erfreuen.

8. O HERR! du stehst mir bey in meinen Plagen/
Und gibst mir einen guten Muth :
Es wird mir deine Gnade vorgetragen /
Du hast mich gantz in deiner Hut/
Du zeigest mir dein ewigs Gut /
Und rettest mich von frembden Klagen.

9. Drum soll dein Lob in mir hinfort nicht sterben;
Ich rühme dich mit grossem Schall:
Umb deine Höh will ich mich stets bewerben:
So kriegt der irdsche Sinn den Fall;
Weil er der Seelen bittre Gall/
Und die nur suchet zu verderben.

10. Was willstu uns GOtt unser Fürst bescheren?
Dein Wesen selbst aus deinem Thron :
Damit wir uns nicht mehr von dir verkehren/
Noch streiten wider deine Cron:
Wir bitten umb den Gnaden-Lohn
In diesem wollst du uns verklären.

Das XV. Lied.

1. HERR wilst du nicht mein Richter seyn?
Ich such das rechte Leben;
Und trau auf dich; denn du bist mein ;
Wer will mir widerstreben ?

2. Besuch mich immer früh und spath /
Mein Leben steht dir offen;

Dein

Dein Wesen ist mein bester Rath/
   Man kan nichts höhers hoffen.
3. Ich habe keine Lust fortan
   Zur Art der Eitelkeiten:
Zur Boßheit und auf ihre Bahn
   Begehr ich nicht zu schreiten.
4. Ich hasse ja von Hertzen-Grund
   Das Wesen aller Schlimmen:
Auch tracht mein Geist zu keiner Stund
   Denselben beyzustimmen.
5. Ach möchte meine Seel' allein
   Der Unschuld recht anhangen!
So würde deines Wesens Schein
   Mich durch und durch befangen.
6. Ich horche ja nach deiner Stimm/
   Und weiß davon zu singen:
Ich denck und such/ ich steig und klimm
   Nach deinen Wunder-Dingen.
7. Dein Wesen ist mein bestes Gut/
   Wie kan was grössers werden?
Ich lieb es auch mit Hertz und Muth/
   Vor alles Gut auf Erden.
8. Verwirff doch meine Seele nicht:
   Was arg laß nicht gewinnen.
Vor Rach und was dadurch geschicht/
   Bewahre meine Sinnen.
9. Viel machen zwar daraus noch Ruhm
   Und wissen sich zu kräncken.
Dabey sind sie voll Eigenthum
   Und trachten nach Geschencken.
10. Mein Hertz hingegen denckt allein
   Auf ein unschuldig Wesen:
Laß deine Gnade mit mir seyn/
   Sonst kan ich nicht genesen.
11. Ach laß mich doch zu aller Zeit
   Nichts als dein Wesen hören.
Ich will von dieser Heiligkeit
   Mich allzeit lassen lehren.

            B 3   12. Ach

12. Ach her: ſch in mir / ſey meine Cron/
      Laß mich ſonſt nichts begehren:
Dein Weſen kan aus deinem Thron
      Mich völliglich verklären.

Das XVI. Lied.

1. Ach hülff / O GOtt von Iſrael
      Dein Weſen ſelbſt bereiten!
Die Boßheit iſt ihm ſonſt zu ſchnell:
Wiewol es iſt der Gnaden-Quell:
Sie meint ſie müſſe von der Stell
      Und ſucht es zu beſtreiten.

2. O menſchlich Weſen ſonder Liecht /
      Wilſt du es dann nicht mercken?
Achſt du dann Gottes Weſen nicht/
Das doch zum Leben unterricht?
Verlier dich doch und dein Geſicht /
      So kan der HERR dich ſtärcken.

3. Wer dieſes Weſen will empfah'n/
      Damit es ihn durchgeiſte/
Muß raus von ſich / ſo weit er kan:
Wenn er den Schritt hinein gethan /
Nicht weichen von deſſelben Bahn /
      So thut es ſelbſt das meiſte.

4. Ein ſtarck Gemüth in GOtt beveſt't/
      Läſt ſich nicht abgewinnen/
Kömmt Satan gleich von Oſt und Weſt/
So hülfft doch GOtt aufs allerbeſt
Als der die Seinen nie verläſt:
      In dem ruhn ſeine Sinnen.

5. GOtts Weſen ſpricht: Gib mir die Luſt
      Ich will ſie recht regieren:
Ich will dir ſelbſt dein Hertz und Bruſt
Befreyen von des Teuffels Wuſt/
Dem du ſonſt immer dienen muſt;
      GOtt wird dich ſelber führen.

6. Was lebſt du nach dem eignen Sinn
      Der dich doch will verderben?
Er führt dich ja zur Höllen hin/

Ist böse schon von Anbeginn:
Und wann er dir nun bringt Gewinn /
  Must du in Sünden sterben.

7. Diß rath ich dir du Erd-Geschlecht /
    Dafern du ja wilst leben:
Dem Wesen Gottes werd ein Knecht /
Und lerne dessen Leben recht /
Denn gib dich in das Kampff-Gefecht:
    GOtt wird den Sieg dir geben.

8. Wer niedrig auf dem Esel reit't /
    Der kommt zu Christi Ehren:
Dann kommt des Wesens rechte Zeit /
Die ihn von aller Schuld befreyt /
Dadurch wird er gebenedeyt;
    GOtt will sein Liecht vermehren.

9. In Eigenheit gibts keine Cron /
    Da ist man nur gefangen:
Ja blind / und nackt voll Schand und Hohn;
Verworffen von des Höchsten Sohn /
In dem man doch den Gnaden-Lohn
    Vollkommen kan erlangen.

10. Leb ungeeignet / hör den Rath /
    GOtt will den Geist dir schencken:
Such nirgend dich / noch eignen Pfad /
Nicht hör allein / lieb auch die That:
Wer also Gottes Wesen hat /
    Dein wird er wol bedencken.

11. Wer diß mit Lust und Treuen hört /
    Und kan im Hertzen lesen;
In dem wird Gottes Wort geehrt /
Und dessen Geist dadurch vermehrt:
Wer nun das böse so zerstört /
    Der lebt in Gottes Wesen.

12. HERR unser König / höchstes Gut /
    Du kanst die Seele weiden:
Laß uns in dir seyn wolgemuth /
Durchfeur uns in des Wesens Glut /

B 4   Und

Und halt uns ſtets in deiner Hut/
So leben wir in Freuden.

Das XVII. Lied.

1. ERhalt uns HERR in deiner Krafft/
Gib uns des Weſens Eigenſchafft:
Bewahr uns vor der Sünden Pfad/
Und leit uns ſelbſt nach deinem Rath.

2. Gib daß dein Lob ſtets in uns ſey /
Und mach uns durch dein Weſen frey!
Sind wir allhier dadurch bereit
So leben wir in Ewigkeit.

3. Halt unſern Sinn in deiner Hut/
Und gib uns allzeit guten Muth:
Damit wir ſtehn auf deiner Bahn
Darauf nichts Böſes bleiben kan.

4. Des Fleiſches Freud' hat ihr gericht;
Drumb folg/O Menſch/ demſelben nicht.
Gehorſam macht das Hertz bereit /
Vor Gottes Geiſt zu aller Zeit.

5. Der treibt die Seel in alle Zucht/
Und zeugt mit ihr des Himmels Frucht:
Kein Eigen-Will kan ihr mehr zu/
Sie lebet in des Höchſten Ruh.

6. Hierzu nimm wahr der rechten Zeit /
Sonſt wirſt du nicht von GOtt befreyt:
Und wirſt dich klagen in der Noth/
Wenn dich ergreifft der Seelen-Tod.

7. Verläugne deinen eignen Sinn
Sonſt iſt die arme Seele hin.
Denck allzeit an die Höllen-Pein/
So wird dein Fleiſch nie frölich ſeyn.

8. Darumb iſt nun die Zeit heran /
Daß ſich kein Fleiſch mehr rühmen kan:
Wer Reichthum ſucht/ſamt groſſer Ehr/
Der wird verdammt durch Gottes Lehr.

9. Wer aber GOtt mit Ernſt begehrt/
Wird nie von Eigen-Sinn verkehrt:

Er bleibt allzeit in GOtt befest /
Sein Geist dient ihm aufs allerbest.

10. Gotts Wesen ist ihm eine Cron;
Er sucht vor sich nicht eignen Lohn:
    Wie selbst der HERR es mit ihm fügt /
    Damit ist er allzeit vergnügt.

11. Sein Hertz ist frey von Fleisch und Blut:
Gotts Wesen ist sein höchstes Gut.
    Er weiß durch GOtt die Seelen-Cur /
    Und fleucht die Lust der Creatur.

12. Alsdann wird er den Engeln gleich
Die da verkünden GOttes Reich:
    Und ruffen uns insonderheit
    Zu seines Wesens Heiligkeit.

13. Hierzu erklingt nun Gotts Posaun /
Daß niemand bleib auf seinem Zaun:
    Vielmehr erwach auf diesen Laut /
    Mit einzugehn mit Christi Braut.

14. Da lebt man dann nach Gottes Recht /
Und ist nicht mehr der Sünden Knecht:
    Man dient nicht mehr des Höchsten Feind /
    Und bleibt mit ihm durchaus vereint.

15. Da ist man Gottes Freuden voll;
Und bleibt verklärt gleichwie man soll:
    Dann kan man Gottes Lob erhöhn /
    Und stets in diesem Stande stehn.

16. GOtt / unser Fürst / wie dancken wir /
Daß wir nun leben gantz in dir!
    Dein Wesen hilfft uns auf den Thron;
    Diß preisen wir durch deinen Sohn!

Das XVIII. Lied.

1. DAs Wesen GOttes wird bekannt
    Im Himmel und auf Erden:
Es wird das Lebens-Brot genannt /
    Und speißt viel Seelen-Heerden.
Sein Geist ist uns ins Hertz gesetzt:
Man merckt die Lust / wie sie verletzt /
    Umb nicht verführt zu werden.

B 5

2. Er

2. Erwacht nun alle Groß und Klein /
   Nehmt Gottes Stimm zu Ohren:
Er macht euch eure Hertzen rein/
Ihr werdet neu geboren.
Sein Geiſt bringt euch zur Himmels-Luſt;
Die Sünd erliſcht / und all ihr Wuſt;
   Eur Leben iſt erkohren.

3. GOtts Geiſt ſitzt jetzo zu Gericht/
   Die Hertzen zu entdecken:
Vermeſſenheit gilt weiter nicht;
   Niemand kan ſich verſtecken.
Will mancher gleich nicht merckſam ſeyn /
Das Weſen Gottes bringt doch ein /
   Und ſtralt in allen Ecken.

4. Stellt euch vor GOtt/gleichwie's euch trifft;
   Fleht ihm umb ſeine Gnaden:
Den Eigenwill'n acht wie ein Gifft;
   Laſt euch davon entladen:
So lebet ihr in Gottes Liecht /
auf ihn iſt eure Luſt gericht;
   Und ihr ſey frey vom Schaden.

5. Nehmt Gottes Weſen wol in acht /
   So kommts zu euch von innen:
Sonſt wandelt ihr nur in der Nacht /
   Ohn Liecht in allen Sinnen.
Der Eigenſinn / ſey eur Verdruß
Sonſt führt er euch durch harten Schluß
   Auf lauter Schand-Beginnen.

6. GOtts Weſen in vollkommner Macht
   Iſt itzund unſer Leben:
Die Seel hat lang darauf gedacht /
   Eh, es ihr ward gegeben.
Im letzten Theil von dieſer Zeit
Sind wir der Erden-Laſt befreyt /
   Und ſtehn im Widerſtreben.

7. Der Eigen-Sinn iſt bittre Gall/
   Weh dem der ihn muß ſchmecken!

                                        Er

Er bringt die Seel in ihren Fall
In dem sie bleibet stecken.
Doch wer sich selbst verlaugnen kan /
Und tritt auf des Gehorsams Bahn /
Dem will sich GOtt entdecken.

8. Dann kommt die Seel in Gottes Hut
Und lebt in seinen Sitten:
Sie dient allzeit dem höchsten Gut /
Und geht in Friedens-Schritten:
Des Himmels-Wesen scheint ihr klar /
Sie ist nun immer ohn Gefahr;
Steht tieff / doch in der Mitten.

9. Weicht nun mit Lust vom eignen Bild /
Der Stein hat es getroffen:
Das Wesen hat die Seel umbhüllt /
Nichts bildlichs muß sie hoffen.
Einwesig lebt sie klar und bloß /
Das ist nunmehr ihr bestes Loß:
Der Himmel steht ihr offen.

10. O Fürst / O GOTT voll Tugend-Art /
Wir müssen dich erhöhen:
Gib daß / wenn wir mit dir gepaart /
Christ mag in uns erstehen:
Als wie er lebt ins Himmels-Thron /
HERR / das ist unser Gnaden-Lohn;
Dem Erden-Sinn entgehen!

Das XIX. Lied.

1. BEschauet doch mit Treuen
Der Erden Greul und Noth!
Und lernt das Fleisch recht scheuen;
Sonst wirds euch ewig reuen /
Wenn ihr mit Hohn und Spott /
Sinckt in den bittern Tod

2. Das Eigenthum darneben
Nehmt recht und eben wahr:
Sucht nit darinn zu leben /
Ja! lernt ihm widerstrebe:
Die Seel' hat hier Gefahr /
Es ist die Boßheit gar,

B 6   3. Nichts

3. Nichts herrſcht/ nichts
darff ſich regen
Als Ungerechtigkeit:
VilMenſchen ſind verlegē/
Nicht achtend Gottes Se-
gen/
In lauter Eigenheit
Gotts Weſen wirfft
man weit.

4. Weh den die Kinder
tragen
Und ſäugen an derBruſt/
Die kriegen viel zu klagen
Bey allen dieſen Plagen:
Hinweg iſt alle Luſt/
DieWelt iſt vollerWuſt.

5. Zwiſt und Uneinigkeitē
Regieren nun dasHertz:
Der Fried iſt auf die Sei-
ten/
GOtt läſt ſich niemand
leiten:
Sein Weſen leidet
Schmertz/
Man wirfft es hinder-
werts.

6. Verändert eure Sinnen/
Die ihr auf Erden lebt:
Erkennet Gott von innen;
Wie wolt ihr diß beginnē?
Wenn ihr eur Hertz er-
gebt;
Damit esGOtt anklebt.

7. Der HErr kommt zum
Gerichte/
Sein Weſen ſelbſt er-
ſcheint:
Er ſteht uns im Geſichte/

Mit ſeinem heilig'n
Liechte: (-meint:
Er kommt eh denn mans
Ach daß die Welt nicht
weint! (klagen:

8. Man hört dieWelt ver-
JhrUrtheil bricht heran.
Der Menſch mag nun wol
fragen
Ob er in ſeinen Tagen
Vor Gott auch recht ge-
than/
Daß er beſtehen kan?

9. Viel Geiſter ſind vor-
handen
Von Chriſto ſelbſt be-
nannt:
Doch die beſtehn mit
Schanden
In allen ihren Landen:
Er hat ſie nicht geſandt/
Jhm ſind ſie nicht be-
kannt.

10. Euch wird der HErr
anblicken/
Die ihr ins Weſens
Schutz:
Jhr mögt euch immer
ſchicken/
In Ruh euch zu erquicken:
Hört GOtt/ der iſt eur
Trutz/
Sucht keinen Eigennutz.

11. GOtt läſt Poſaunen
hören
Durch ſeines Weſens
Pracht:

Hört

Hört/ laß euch nicht bethö-
ren;
Soll sich eur Gut vermeh-
ren.
　Wer aufs vereinen
tracht/
　Dem weist GOtt seine
Macht.
12. Wenn Prophezey
zum Ende/
　Kommt Gottes Geist
herben:
Zeit ists/ daß ich mich wen-
de/
Und an den Hafen länbe:
　Gotts Wesen scheinet
frey/
　Ich muß auch in die
Reyh.
13. Wer will sich mit mir
freuen?

Wer hat sein Hertz be-
reit?
Wer läst sich Gott erneu?
Wer fängt ihn an zu
scheuen?
　Sein Wesen weiß die
Zeit:
　Wol wenn ihr fertig
seyd!
14. Ach steht in Gottes
Liechte/
　Wacht auf! sonst hats
Gefahr:
　Habt Gott stets im Ge-
sichte;
Die Boßheit geht zu nich-
te:
　Das Wesen scheint euch
klar!
　Halt euch zu dessen
Schar!

Das XX. Lied.

1. MEin! könnt ihr wol genesen/
　　Ihr Streiter/ in dem Hader-Lauff?
Erkennt doch Gottes Wesen/
　Freßt nicht einander selber auf.
2. Ihr zwistende Partheyen/
　　Seht auf eur Hertz und wie es steht:
Es sind nur Phantaseyen
　　Was nicht aus Gottes Wesen geht.
3. Hört nach des Wesens Sinne/
　　Merckt seinen Rath wie gut er ist:
So wird man GOtt recht inne/
　　Und bleibt befreyt von allem Zwist.
4. Wie soll die Ruh sich breiten
　　In Still' und in Bescheidenheit?
Man muß zum Wesen schreiten/

5. Die Zäncker / groß und kleine /
     Und was mit Mund und Feder ficht /
Sind nicht von Gotts Gemeine
     Und Chriſti rechte Kinder nicht.

6. Wie frembde Zweig auffchieſſen
     Aus unArt nebenvorgebracht;
So ſind die Zanck ausgieſſen /
     Die alle Welt vertheilt gemacht.

7. Drumb bauen ſie auch alle
     Gantz auſſer Chriſto auf den Sand:
Denn in des Streitens Schalle /
     Wird deſſen Weſen nicht erkannt.

8. Der HERR gab uns den Frieden /
     Samt ſeinem Weſen auf die letzt:
So lebet Er hienieden /
     So wird ſein Weſen fortgeſetzt.

9. Den trachtet zu erhalten /
     Die ihr des Weſens Kinder ſeyd:
Den laſſet immer walten;
     Im Frieden ſteht die Chriſtenheit.

10. In Demuth ſonder Streiten
     Erlanget man den Fried in GOtt:
Wer ſo ſich kan bereiten /
     Vollzieht des Weſens neu Gebot.

11. So muß der Zanck verſchwinden
     Auch Hefftigkeit und Zorn vergehn /
So läſt ſich Chriſtus ſinpen /
     So kan die Seel im Frieden ſtehn.

12. Faſſt dieſes in Gedancken /
     Laſt ja die Zeit nicht gar vergehn /
Bleibt in des Friedens Schrancken /
     So wird euch Chriſtus ſelbſt beyſtehn.

13. Da wird er zu euch ſagen:
     Der Friede ſey in dieſem Haus:
Wolt ihr darnach nicht fragen /
     So bleibt Verwirrung wol nicht aus.

14. O reiner Friedens-Saamen /
     Den Eintracht ſelbſt herfürgebracht /

Der

Der Fried' ins Wesens Namen/
Der sey mit dir/ den hab in acht!

Das XXI. Lied.

1. O GOtt/ laß uns em-
pfinden/
Wie uns dein Heil be-
wahrt!
Damit wir überwinden
Durch dich der Bösen
Art.
Sie will uns von dir schei-
den/
Daß man dich nicht
mehr sieht:
Ach gib/ daß wir sie meide/
Damit es nit geschieht.

2. Der Bös' ist hoch gesesse/
Sein Stul ist gantz be-
sternt;
Und saget hoch vermessen;
Wir seyn von GOtt ent-
fernt.
Er will uns gantz verjage
Durch sein bestellt Ge-
richt:
Ach laß uns nicht verzage
Vor seinem Angesicht.

3. Ihr' Augen stehn und
starren/
Vor Feindschafft wie
ein Boltz;
Was könen wir erharren/
Als Haß und groben
Stoltz.
Sie schmähen uns/ sie
schänden/
Nachdem es mancher
trifft:

Der Kelch in ihren Händ/
Ist nichts als lauter
Gifft.

4. Sie schäumen gleich den
Hunden/
Und bellen über laut.
GOtt heilt doch unsre
Wunden/
Und nennt uns sein
Braut.
Ihn können wir erfassen/
Er macht den Feind zu
Spott;
Er wird uns nit verlassen/
In dieser unsrer Noth.

5. Nicht neu ist's unsern
Ohren/
Das was uns wider-
fährt:
Denn alls was GOtt er-
kohren/
Das wird dadurch ver-
klärt.
Es ist auch in dem Leiden
GOtt dennoch unser
Freund;
Wir schreyn dazu mit Freu-
den
Der Bös' ist unser Feind.

6. Ach wär der nit gebore/
Der Gottes Wesens
lacht!
Er ist gewiß verloren;
Bleibt ewig in der Nacht:
In Boßheit gantz gefan-
gen

Voll

Voll Feindschafft gegen
GOtt/
Ja was er kan verlangen
Ist wider sein Gebot.

7. Tracht/ Menschen/ daß
   das Böse
In eurer Seel nicht leb:
Und GOtt euch rein erlöse/
Daß nichts mehr an
   euch kleb:
So bleibet ihr im Frieden
In dieser bösen Zeit:
Und werdet nicht ermüden
Im Sturm von Haß
   und Neid.

8. Zwar kan das Hertz vor
   trauren/
Gar schwerlich in die
   Höh:
Man schenckt uns ein vom
   Sauren
Die Boßheit thut uns
   Weh.
Doch legen wir's aufs
   Klagen/
Gott kennt der Bösen
   Lauff
Er hilfft uns selber tragen/
Sein Wesen hilfft uns
   auf.

9. HErr/ laß dein Lob ver-
   mehren
Verborgen in dem Geist:
Und laß uns nicht verseh-
   ren/
Wenn gleich das Bös'
   einreist.
Du kanst es schon vertreibē

Wenn es den Lauff vol-
   lend't:
Das kan nicht ewig bleibē
Was Gottes Wesen
   schänd't.

10. HErr/ unser Trost im
    Leide/
Laß uns den Bösen nicht:
Vermehr uns deine Freude/
Sey unser Zuversicht:
So wollen wir dich loben
In deines Wesens Gut:
Die Welt mag imer toben/
Wir bleiben wolgemuth.

Das XXII. Lied.

1. MEnsch laß dich nicht
      bethören/
Thu guts das Böse meid:
Laß dich Gotts Wesen leh-
   ren/
Fleuch allen Haß und
   Neid;
Such auch nit Eigenheit.
Laß GOtt dein Hertz be-
   feuchten/
Seins Wesens Macht
Nimm stets in acht/
So wird es dich erleuchtē.

2. In diesen hellen Tagen/
Thu auf dein Aug' und
   Muth/
Sonst wirstu dich beklagē
Wenn wider Gottes
   Gut
Dein Fußtritt Anstoß
   thut/
Diß magstu wol bedenckē:
Lern Niedrigkeit

Ist ist es Zeit
GOtt wird dir Gnade
schencken.

3. Die Zeit von Zorn und
Rache /
Kommt über alle Welt:
Sie treiben GottesSache/
Doch nicht wie's ihm ge-
fällt;
Weil nichts zusammen
hält.
Was sie vonGott begehrt/
Geht nur auf Höh;
Die bringt viel Weh;
Das sie nit könen wehren.

4. Diß habt ihr wol zu
mercken
Ihr auf derErden-bahn:
Laßt euch in GOtt verstär-
cken/
KlebtGottesWesen an/
Das euch erleuchte kan.
Lernt Gottes Lob bedeute/
Sein Wesen treibt
Was ewig bleibt/
Das kan euch Christus
schencken.

5. Ach! lernt eur Hertz be-
wahren
In dieser schnöden Zeit
Vor allen falschen Schaa-
ren/
Dadurch dieChristenheit
Verfällt inHaß uñNeid:
Das sind die eigne Sitten/
Da alles wild;
Das GOtt nichts gilt:

HERR/ laß uns doch ge-
winnen!
6. Du weist ihn einzu-
schencken/
Gleichwie sie dir gethan/
Und ihre Krafft zu kränken
Daß keiner umb und an/
ImStande bleiben kan.
Es muß ihr böses Leben
Durch deinen Mund
Zur Höllen Grund:
Wenn wir in Gnade
schweben.
7. Nun ist Gotts heiligs
Wesen
Ein Richter auf der
Welt:
SeinReich blüt auserlese/
Das Fleisch hingegen
fällt/
Wenn Gottes Wesen
hält.
Auch ists in uns erschiene;
Drumb sind wir still
Ohn Eigenwill/
Und werden ewig grüne.
8.Drumb scheidet nun mit
Freuden
Von Eigensinnigkeit:
Die Ruh ist euch bescheide/
Eur Leben wird befreyt
Durch Gottes-Gnaden-
Zeit.
Nichts irdsches muß re-
gieren
Er will allein
Der Meister seyn;
seinWesen muß uns führe.

9. Nach

9. Nach dieſem ſpitzt die
   Ohren/
   Dieweil ſein Liecht ſich
   weiſt :
   Hört/die Gott auserkoren/
   Gebt acht auf deſſen
   Geiſt :
   Merckt auf was der
   euch heiſt ;
Ihr ſolt die Welt verlaſſen/
   Der bloſſe Schein
   Bringt euch in Peyn :
Ihr könnt euch nicht mehr
   faſſen.
10. Nun wird Gericht ge-
   halten/
   Das bringt ins Hertz
   hinein :
Da wird das Fleiſch erkal-
   ten/
   Es muß verdamet ſeyn/
   Zu lauter Schmertz und
   Pein.
Es ſuchte zu vermeiden
   Das Liecht von Gott
   Und ſein Gebot ;
Drumb muß es billich ley-
   den.

11. Der du mit Gott im
   Bunde
   Und recht verweſent
   biſt/
   Freu dich zu dieſer Stunde
   Daß deine Lebens-friſt
   Nunmehr ſo ſicher iſt.
Du biſt mit Gott umb-
   fangen/
   Als wie ein Platz /
   Da Gottes Schatz :
Und kanſt im Liechte pran-
   gen.
12. Nun HErr wir ſind
   geborgen :
   Halt uns in deiner Hut/
Auf dich nim unſre Sorgen/
   Stärck unſern ſchwachen
   Muth
   Durch deines Weſens-
   Gut.
Wir ſind aus dir geboren/
   Ins Weſens Art
   Mit Gott gepaart :
Nun ſind wir nicht verlo-
   ren.

Das XXIII. Lied.

1. Wol dem den Gott mit Luſt ergetzet /
      Der zu der Boßheit nimmer geht!
Der allzeit bleibt in Gott verſetzet /
      Und ſtets in einem Weſen ſteht !
2. Ein ſolcher kan von GOTT nicht wancken/
      Der bloß in deſſen Weſen lebt :
Dem dieſes immer in Gedancken/
      Und der nicht mehr am Argen klebt.
                                 3. Dar-

3. Darumb ist er zu allen Stunden
   In Gottes Wesen wolgemuth:
Er hat die Ruh in GOtt gefunden/
   Und dient allzeit dem höchsten Gut.

4. Lernt diese Gottes-Lust bewahren/
   In dieser groben bösen Zeit;
Vor allen falschen Erden-Schaaren
   Ihr die ihr so beseeligt seyd.

5. Die Zeit ist kurtz bey diesen Tagen/
   Laßt die umbsonst nicht übergehn:
Will eure Lust nach GOtt nicht fragen/
   So könnt ihr nicht vor ihm bestehn.

6. Es sey die Lust von euren Sinnen
   Gehorsam unter GOtt gestellt;
Die Eigenheit laß nie gewinnen/
   Sonst seyd ihr stets mit Angst befällt.

7. GOtt der nun ist ein Geist im Leben/
   Sieht biß ins Hertz und Nieren ein;
Dem müst ihr eure Lust ergeben/
   Sonst wird der Tod eur Ende seyn.

8. Es muß die Lust sich richten lassen/
   Sinn und Gedancken sind nicht frey:
Diß habt ihr Menschen wol zu fassen/
   Daß eure Lust nicht eitel sey.

9. Zwifache Lust im Hertzen tragen
   Hält GOtt vor Greul/ und vor verwirrt:
Ein solcher mag sich wol beklagen/
   Der so getheilt ist und verirrt.

10. Wer seine Lust will lassen blicken/
    Und tracht nach Gottes Ewigkeit/
Muß sie mit Gottes Wercken schmücken
    Die tauglich seyn ohn allen Streit.

11. Ein Baum/ wie Christus vorgetragen/
    Der wird erkannt durch seine Frucht:
Durch die weiß man vom Stamm zu sagen/
    Eh Lufft und Grund wird untersucht.

12. Drumb will sichs nun jetzund geziemen/
    Bey Gottes wesentlichem Liecht/

Daß

Daß ſich niemand in GOtt darff rühmen /
　　Der nicht die Luſt auf ihn gericht.
13. So lernt die Luſt in GOtt vermehren /
　　Schaut ob eur Hertz auch redlich ſey;
Das wird euch Gottes Weſen lehren /
　　So bleibt ihr von dem Teuffel frey.
14. Iſt nun die Luſt in GOtt vorhanden/
　　So dancke dem in Ewigkeit:
In dem iſts Gott's Natur entſtanden /
　　Den nichts als Gottes Luſt erfreut.
15. Diß iſt der Grund von allen Dingen /
　　Da Chriſtus ſeine Kirch auf baut /
Die Luſt/ die böſe Luſt zu zwingen /
　　Die ſtets auf Gottes Weſen ſchaut.
16. HERR/dem wir unſre Luſt zuſchreiben /
　　Halt meine Seel in deinem Geiſt/
Daß ſie in deiner Ruh mag bleiben;
　　: Trotz dem was Sünd und Satan heiſt!

Das XXIV. Lied.

1. LObſinget GOtt mit Freuden /
Die ihr im Weſen lebt/
Und von euch ſelbſt geſcheiden
Nicht mehr am Argen klebt :
Hoch iſt der HErr zu loben/
Sein Weſen hülfft aus Noth ;
Wir ſind durch ihn erhobē;
Beſtegen Feind und Tod.

2. Seine Name ſey geprieſen
Hoch über alle Welt :
Sein Weſen wird erwieſē/
Das Hertz iſt wol beſtellt.

Was wir von ihm nun ſtagen/
Muß ihm zum Ruhm geſchehn :
Wir ſind mit allen Dingen
Die er uns gibt verſehn.

3. Bringt danckbarlich im Frieden
GOtt ſeinen Opffer-Brand :
Wer hier noch kan ermüde/
Iſt noch nicht umbgewandt.
Drumb wollen wir ihn ehren
In ſeines Weſens Grüd/
Wer ſich von dem läſt lehrē/
Der bleibt in Gottes Bund:

4. Lobt

4. Lobt den / der uns kan rathen /
In seiner Heiligkeit:
Lobt Ihn in seinen Thaten/
Weil er euch benedeyt.
Lobt ihn in seinem Sohne /
Der uns erneuet hat:
Lobt ihn als eine Crone /
Lobt seines Wesens Rath.

5. Sein Wesen sey besungen
In einem Freuden-Chor:
Sein Geist hat sich geschwungen/
Und schwebt in uns empor.
Sein Sohn/ wann wir ihn bitten/
Macht uns hierzu bequem :
Lobt ihn in seinen Sitten/
So seyd ihr angenehm.

6. Lebt diesem auch mit Freuden;
Er ist noch Abrams GOtt/
Und gibet auch uns Heydē
Sein Wesen und Gebot:
Und dieses thut von Hertzen /
Wie Christus das begehrt;
Aus Eigenheit kommt Schmertzen/
Der unsern Geist verkehrt.

7. Wer will sich nun nicht freuen/

Weil GOtt als König siegt:
Drumb dienet ihm mit Treuen /
Damit ihr Kräfften kriegt.
Sein Wesen herrscht mit Mächten/
Höll / Teuffel und Gewalt/
Darff ihm nicht widerfechten /
Ihr Trotz verschwindet bald.

8. Sucht dem doch zu gefallen
Des Wesen uns bewust;
Laß doch sein Lob erschallē
Aus Hīmel süsser Lust.
Sein Wesen ist vollkomen
Hat noch Beginn noch End :
Niemand wird angenommen/
Als der sein Wesen keñt.

9. Noch Himmel/ noch die Erde /
Begreiffen was er sey :
Wenn ichs nur innen werde!
Die Zeit ist ja herbey.
Er kan mich recht erleuchtē
In dieser finstern Nacht:
Er kan mein Land befeuchten
Mit Tau der fruchtbar macht.

10. Ihr

10. Ihr Himmel hoch dort oben
Erfreut euch mit uns hie;
Die Welt kan nicht mehr toben/
Das Urtheil kommt auf ſie:
Die Schein-Gerechtigkeit
Verfallen in den Staub;
Die heil'gen Eigenheiten
Sind nun des Todes Raub.

11. GOtt läſt Poſaunen ſchallen/
Gebt acht auf ihren Laut:
Man ruffet uns und allen;
Der HERR holt ſeine Braut.

Die Hochzeit iſt zu hoffen/
Da man die Seelen ſpeiſt:
Der Himmel iſt nun offen/
Durch ſeines Weſens Geiſt.

12. HERR / der du uns erkohren/
Wir preiſen deinen Ruhm;
Wir ſind aus dir geboren/
Und nun dein Eigenthum.
Halt über den Geſchlechten
Die du lebendig nennſt;
Freu dich mit deinen Knechten/
Die du im Weſen kennſt.

Das XXV. Lied.

1. WAch auf/ wach auf du Menſchen-Kind/
Erkenn und merck doch daß du blind
Im Göttlich-hohen Leben:
Kehr dein Geſicht zu GOttes Liecht/
So kanſt du GOtt ankleben.

2. Brich ab / brich ab der Erden-Luſt/
Und leb in GOtt: gib dem die Bruſt:
Zähm alſo deine Sinnen:
In Gottes Freud' heil all dein Leyd/
Dien ſeinem Geiſt von innen.

3. Kehr umb/ kehr umb du Erden-Sinn/
Lauff nicht nach deinem Wunſch dahin:
Du biſt ja ſonſt betrogen:

Die

Die Eigenheit / und Eitelkeit
   Hat dir allzeit gelogen.
4. Eil fort / eil fort in deinem Gang /
Und dien Gotts Leben sonder Zwang /
   Demselben zu behagen:
Das Böse meid / weils GOtt verbeut /
   Lern Ungemach vertragen.
5. Leg ab / leg ab auf frischer That /
Was böß ist ; folge Gottes Rath ;
   Sonst bringt dirs ewig Schaden:
Dein Hertz bereit zur Seeligkeit ;
   So bleibst du stets in Gnaden.
6. Sey schnell / sey schnell zu Gottes Ruhm /
Und lebe nicht dem Eigenthum ;
   GOtt möcht dich sonst hinraffen ;
Hab Lust zu GOtt / halt sein Gebot /
   Hab nichts mit Fleisch zu schaffen.
7. Thu auf / thu auf dein Aug und schau /
Was GOtt befihlt und hör genau /
   Auf sein vollkommnes Wesen ;
Steh nicht und feyr / die Zeit ist theur /
   So wirst du bald genesen.

8. Hör zu / Hör zu zu aller Stund /
Lern Gottes Wesen auf den Grund /
   Mit Einfalt und von Hertzen:
Folg seinem Geist / wie der dich weist /
   So lebst du sonder Schmertzen.

9. Nimm wahr / nimm wahr der edlen Zeit /
Weil Gottes Gnade steht bereit /
   Sonst wirst du dich beklagen:
Wie wird es gehn ? Werd ich bestehn?
   Zeit ists nach GOtt zu fragen!

10. Ach lern / ach lern! so rufft dir GOTT:
Der trägt den Menschen biß in Tod
   Und schenckt ihm seine Sünden:
Auf Buß und Reu / kan er aufs neu
   Sich fest mit ihm verbinden.

                11. Gib

11. Gib acht/ gib acht! ſcharff iſt das Recht/
Wenn GOtt verdammt der Welt-Geſchlecht/
   Das ſich nicht will bekehren:
Wol iſts gemeint/ Gotts Weſen ſcheint/
   Das dich kan neu gebären.

12. GOtt Lob/ GOtt Lob! das Urtheil geht/
Auf alles was ſich ſelbſt erhöht:
   Auf Sünde folgt das Reuen/
Sey du bereit zur Folgſamkeit
   So wird dich GOtt erfreuen.

Ermahn- und Unterweiſung zu einem

Göttlichen freyen Weſen und Andacht für die Seele des Menſchen/ und zu einem Beſchluß dieſer Lieder/ daß der Menſch ſich an die Freude der Lob-Geſänge nicht binde oder vereigne: wordurch ſeine Seele (weil ſie einfältig iſt) an der freyen Wirckung Gottes möchte verblendet werden/ und ihren Zufall thun zu ihrem eignem Luſt im Fleiſche.

1. Lieber Leſer: Wann du deine Freude in GOtt mit Pſalmen und Lob-Geſängen wol gebüſſt haſt/ ſolt du dich (maſſen hiernach folgend bezeuget iſt) zur Wirckung Gottes begeben/ dem Geiſte Gottes gehorſam zu ſeyn/ es ſey/ im Gebet oder Betrübnuß/ wie dich die Göttliche Natur anrührt und bewegt/ damit die irꝛbiſche Eigenſchafft keine Wohnſtätte/ zu Pein und Schmertz/ in deiner Seele ergreiffe/ und ſie aus ihrer Freude/ in keine eitle Leichtfertigkeit verfalle/ wordurch ſie GOtt vergeſſen möchte.

2. Wann du dann (ſage ich) dein inwendig Gehör zur Einſprache Gottes gewandt haſt/ muſt du dich/ in Einfältigkeit/ aller vernünfftlichen Wiſſenſchafften und Heiligkeiten oder Freuden im Fleiſche entſchlagen/ und dein Hertz gantz in die Verläugnung Dein ſelbſt ſetzen; alſo daß du keinen irꝛbiſchen

ſchen

Die Eigenheit / und Eitelkeit
    Hat dir allzeit gelogen.

4. Eil fort / eil fort in deinem Gang',
Und dien Gotts Leben sonder Zwang /
    Demselben zu behagen:
Das Böse meid / weils GOtt verbeut/
    Lern Ungemach vertragen.

5. Leg ab/leg ab auf frischer That /
Was bös' ist ; folge Gottes Rath;
    Sonst bringt dirs ewig Schaden:
Dein Hertz bereit zur Seeligkeit;
    So bleibst du stets in Gnaden.

6. Sey schnell / sey schnell zu Gottes Ruhm
Und lebe nicht dem Eigenthum;
    GOtt möcht dich sonst hinraffen;
Hab Lust zu GOtt / halt sein Gebot /
    Hab nichts mit Fleisch zu schaffen.

7. Thu auf / thu auf dein Aug und schau /
Was GOtt befihlt und hör genau /
    Auf sein vollkommnes Wesen ;
Steh nicht und feyr / die Zeit ist theur /
    So wirst du bald genesen.

8. Hör zu / Hör zu zu aller Stund /
Lern Gottes Wesen auf den Grund /
    Mit Einfalt und von Hertzen:
Folg seinem Geist/wie der dich weist/
    So lebst du sonder Schmertzen.

9. Nimm wahr / nimm wahr der edlen Zeit
Weil Gottes Gnade steht bereit /
    Sonst wirst du dich beklagen:
Wie wird es gehn ? Werd ich bestehn?
    Zeit ists nach GOtt zu fragen!

10. Ach lern/ach lern! so rufft dir GOTT:
Der trägt den Menschen biß in Tod
    Und schenckt ihm seine Sünden:
Auf Buß und Reu/kan er aufs neu
    Sich fest mit ihm verbinden.

II. Gil

11. Gib acht/ gib acht! scharff ist das Recht/
Wenn GOtt verdammt der Welt-Geschlecht/
  Das sich nicht will bekehren:
Wol ists gemeint/ Gotts Wesen scheint/
  Das dich kan neu' gebären.

12. GOtt Lob/ GOtt Lob! das Urtheil geht/
Auf alles was sich selbst erhöht:
  Auf Sünde folgt das Reuen/
 Sey du bereit zur Folgsamkeit
  So wird dich GOtt erfreuen.

Ermahn-und Unterweisung zu einem
Göttlichen freyen Wesen und Andacht für
die Seele des Menschen/ und zu einem Beschluß
dieser Lieder/ daß der Mensch sich an die Freude der
Lob-Gesänge nicht binde oder vereigne: wordurch
feine Seele (weil sie einfältig ist) an der freyen
Wirckung Gottes möchte verblendet werden/
und ihren Zufall thun zu ihrem eignem
Luft im Fleische.

1. LJeber Leser: Wann du deine Freude in
GOtt mit Psalmen und Lob-Gesängen
  wol gebüsst hast/ solt du dich (massen hiernach folgend bezeuget ist) zur Wirckung Gottes
begeben/ dem Geiste Gottes gehorsam zu seyn/ es
sey/ im Gebet oder Betrübnuß/ wie dich die Göttliche Natur anrührt und bewegt/ damit die irdische Eigenschafft keine Wohnstätte/ zu Pein und
Schmertz/ in deiner Seele ergreiffe/ und sie aus ihrer Freude/ in keine eitle Leichtfertigkeit verfalle/
worburch sie GOtt vergessen möchte.

2. Wann du dann (sage ich) dein inwendig Gehör zur Einsprache Gottes gewandt hast/ muft du
dich/ in Einfältigkeit/ aller vernünfftlichen Wissenschafften und Heiligkeiten oder Freuden im Fleische
entschlagen/ und dein Hertz gantz in die Verläugnung Dein selbst setzen; also daß du keinen irdi-
          schen

schen Geistern/die durch ihre Wissenschafft/ in Eigenschafft wircken wollen / mehr oder länger Glauben oder Gehör geben sollest in deinem Hertzen/we-
der in Freude noch in Betrübnuß / nach dem ir:di-
schen Wesen: sondern allein nackend und bloß stehen von aller eignen Freude und Betrübnuß: und
also auf den verborgnen himmlischen Geist warten/
welcher sich aus dem himmlischen Wesen in einer
niedrigen Stätte offenbaren und verklären wird:
und das ohne zuthun Fleisches und Blutes / mit
aller seiner Wissenschafft und Heiligkeit die es hervorbringen kan.

3. Wormit die einfältige Gottheit im Hertzen
der Verlaugnung beweiset / daß sie ihr nicht lasse
nahen oder sich erkennen dann allein aus ihrer einfältigen Gnade und Barmhertzigkeit: wordurch sie
ihr Lob/Preiß und Ehre / vom Menschen / der von
sich selbsten verlassen ist/ empfängt.

4. Und derselben Ehre machet GOtt seinen
Menschen theilhafftig: doch bleibet sie allzeit Gottes Ehre. Wo aber die vernünfftliche Kunst oder
Wissenschafft mit ihrer eignen Heiligkeit wircket /
allda verliert GOtt seine Ehre und Glori.

5. Darumb hat die Einfalt Christi kein Leben in
den vernünfftlichen Künsten und Getichten. Und
sagt:

6. O ihr Vernunfft-Arbeiter allesamt / und ihr
Sucher der Künste oder Wissenschafften ausser
Gottes Wesen: Lasset ab von eurer eitlen Arbeit
und Kunst-Weisheit im irdischen Wesen ; und
verblendet das einfältige Wesen (durch das so
ihr in Eitelkeit suchet) nicht länger mit eurer
frembden Arbeit / und eiteler Einbildung eurer ab-
getheilte Vernunfft. Und merckt doch eins daß das
Wesen Gottes / aus seiner wesentlichen Einfältigkeit gebären will: und seine Früchte ausser der Erfindung der Vernunfft wesentlich hervorbringen:

C   auf

aufdaß durch die Früchte/das Wesen (das sie her=
vorbringet) bekannt mag werden.

7. Wordurch dann die Arbeit der Vernunfft/
die keine Seelen zum Leben gebieret/aufhöret/und
zur Schande im Tode untergehet. Und ihre Kunst=
Bücher/daraus sie ihre Schwartze Kunst und Gau=
ckeley vorbringen (wie in den Zeiten Pauli) wer=
den offentlich verbrannt: und dann rechnet man
was grosser Kosten daran gelegt ist. Act. 19. v. 19.

8. Das soll (wird) man also in der Frucht des
Wesens erkennen und empfinden / daß die Imagi=
nationen und Erfindungen der irdischen Ver=
nunfft [welche die Bücher der Schwartzen=Kunst
sind] die ausser dem Wesen Gottes wircken/ viel
gekostet haben: Ja Leib und Seele darfür gegeben
ist.

9. Darumb wird man sie im Liechte des Wesens
offentlich verbrennen und zu nichte machen / damit
sie die Seele nicht mehr oder länger aus dem Liech=
te in die Finsternuß verleiten.

10. Hierauf solte die Vernunfft (sich selbsten zu
verfechten) mögen sagen : So man keine Ver=
nunfft haben solte/so wäre man einem Vieh gleich/
ohne Verstand.

11. Darauf sagt das Wesen Gottes zur irdi=
schen Vernunfft: Wärest du noch so gut und ver=
ständig als ein Viehe / so solst du des Tods nicht
sterben. Dann ein Vieh lebt seines Wesens Natur:
du aber lebst in keinem Wesen/weder im Göttlichen
noch natürlichen: Sondern du lebst deiner verbor=
genen Eigen=Sinnligkeit. Darumb bist du tödt=
lich/und der Tod ist dein Leben/so lange das Wesen
Gottes dir im Leben unbekannt ist. Und so bald
das Wesen Gottes/ in seiner Einfalt/ deine Klug=
heit in ihrer eitlen Erfindung überwindet / und
dein irdisch Leben zu einem Tod machet/ so bist du
der Tod selbst.

12. Ja / der blinde unversuchte Mensch erwäh=
let die

let diesen Tod für sein Leben: und nimmt ihn darzu für seinen liebsten Freund an.

13. Und in diesem Annehmen wird er so blind/
daß er meint er habe den lebendigen GOtt er-
wehlt und überkommen: und will durch seine
Blindheit mit seinem Tode wider alle Lebendige
streiten/und meinet durch sein Streiten/seinen Tod
ins Leben zu bringen. Und iemehr er streitet/ ie
tödtlicher sein Tod wird: Und das durch die Krafft
des lebendigen Wesens.

14. Und das Wesen bezeugt wesentlich/ in seiner Einfalt/ wider die Erfindung der Vernunfft:
O Tod ich bin dein Tod. Und das nicht frechlich
oder bildlich/ vernünfftlicher Weise: sondern wesentlich wircklicher Weise. Hos. 13. 14.

15. Dann das Wesen Gottes hat sein wesentlich Werck/darinne es lebt/ und die Vernunfft hat
ihr eitel erwehlend Werck/darinne sie stirbet/ wür-
ckender Weise /ohne Trost/ noch dannoch will sie
sich selber ohne leben trösten.

16. Und alles ihr Leben das sie hat/ist: Daß sie
von einem irrdischen Orte auf den andern läufft.
Wie der HErr bezeugt/ daß der böse Geist [die irdische Vernunfft] von dem Menschen ausgehe/
und also den Himmel einzunehmen meine. Und
wann sie dann in den Himmel nicht kommen kan/
so durchwandelt dieselbe irdische Vernunfft/ das
verwüste irdische Wesen/ in allen Winckeln und
Oertern der Erden: und findet aber keine Ruhe
wohin sie auch kommt. Dann sie kan an den Ort
nicht kommen/ den sie ihr selbst in Eitelkeit vor-
bildet. Matth. 12. v. 43.

17. Und wann sie dann in ihrer eitlen Arbeit
müde wird/ und befindt daß sie nicht ausrichten
kan was sie vornimmt/und nirgend keine Ruhe fin-
det/ so kehrt sie wiederumb an den Ort darvon sie
kommen ist: Nemlich zu ihrer Eigenschafft ins irdische Hertz: und nimmt denn noch sieben andere

C 2 Geister

Geister zu sich / die årger sind dann sie in ihr selbsten ist.

18. [Das ist: Sie ist wol siebenmal årger worden / dann sie zuvor war / ehe sie sich zu ihr selbsten
(ausser dem Wesen Gottes und des Menschen) zu
ihrer eignen Erwehlung begabe.]

19. Und dieweiln sie ihre einfältige Aufrichtigkeit (Simpelheit) für die Schalckheit des eigensu-
chenden irdischen Wesens übergeben hat/so dienet
sie niemanden dann ihrer Eigenschafft im Fleische/
und mit der eigen-weisen Schalckheit bringt sie
der einfältigen Aufrichtigkeit (Simpelheit) den
Tod zu.

20. Und daß die irdische Vernunfft der einfältigen Gottheit den Tod anthut / geschicht allein
darumb/weil das einfältige Wesen Gottes/ die irdische Vernunfften/aus ihrer Schalckheit / zu dem
einigen niedrigen Wesen JEsu Christi ruffet.Mas-
sen der HErr bezeuget / daß er seine Knechte aus-
sende / und sie alle zu seiner Hochzeit [der Vereinigung seines Wesens] laden und ruffen lasse.
Matth. 22. v. 9.

21. Wann dann die Vernunfft von Niedrigkeit
undVerlaugnung ihr selbst höret/macht sie sich viel
zu thun / daß sie nicht kommen kan.   Dann sie hie
ihren Acker gekaufft / und da ihr Weib genommen:
Also daß auf des HErrn Befehl / sie in sein Abend-
bendmahl nicht kommen kan. Luc. 14.v.18.

22. Darumb dann der HErr seine Vereinigung
und Hochzeit/ in seinem simplen einfältigen Wesen
halten/und sich darmit frölich machen muß im einwesigen Leben seiner Göttlichen Natur.

23. Undwann der HErr und Bräutigam dann
in der Freude deines einwesigen Lebens ist / so be-
siehet er seine Gesellschafft / ob er auch jemanden
finde von allen vernünfftigenSinnen und Gedancken / der das Hochzeitliche Kleid [das einfältige
einwesige Leben] nicht angezogen habe.

24. Wann

24. Wann er dann noch einige irdiſche Vernunfft findet / die in ihrer eignen irdiſchen Arbeit Luſt zu ihr ſelber hat / ſo fraget Er: Freund wie biſt du ohne Hochzeit-Kleid herein kommen? Matth. 22. II. 12.

25. Das iſt zu ſagen zur irdiſchen Vernunfft: Wie kommſt du zu Frölichkeit / dieweil du auſſer dem Weſen Gottes biſt? Komm du gerechtes Geſetz Gottes / und binde ſie / oder mache ſie in ihrem eignem Leben todt: und in ihrer Freude / zu einer ewigen Traurigkeit und Angſt: Gleichwie ſie in ihr ſelbſt iſt.

26. Dann niemand mag die Freude gebrauchen / dann der mit der himmliſchen Gottheit / im einweſigen Leben zu einem Weſen und Geiſte vereinigt iſt.

27. Und wo das / durch die Gerechtigkeit Gottes / über die irdiſche Vernunfft geſchicht / allda fahren die Teuffel aus den Menſchen / in die Säue [welches in die Unreinigkeit des gottloſen Weſens iſt] und mit denſelben Säuen erſticken ſie in dem gottloſen Meere / damit ſie den glaubigen Menſchen nicht mehr peinigen. Marc. 5. v. II/12.

28. Dann es iſt kein Teuffel der den Menſchen mehr peiniget und betrieget / dann die Vernunfft / die auſſer dem Weſen Gottes / ihr Werck und Geſchäffte im irdiſchen Menſchen hat. Sie macht ſich auch (wie ſie meinet) der Gottheit gleich. Und ſpricht: Haben wir nicht Teuffel in beinem Namen ausgetrieben? Ja geprophezeyet und kräfftige Ding gethan?

29. Darauf der HErr in ſeinem heiligen Weſen Antwort gibt / und ſagt: Ich habe dich [verſteht diß von der irdiſchen Vernunfft] noch nie erkannt. Weichet alle von mir ihr Ubelthäter.

38. Gleich als ob der HErr ſagen wolte: Alles was die Klugheit der irdiſchen Vernunfft vorbringet/

C 3

bringet / das ist meinem einfältigen Wesen con-
trar und zu wider.

31. Jedwede Seele bitte die Einfältigkeit Gottes durch Christum / daß sie von ihr selbsten und
von ihrer irdischen Vernunfft möge erlöst werden. Amen.

Sprüche / Ermahnungen und Ge-
bete : zur Uberwindung Sein selb-
sten in GOtt.

**Nimm diese Sprüch in acht / dafür GOtt wol
zu preisen:**

**Sie werden dich gewiß zu GOtt durch Christum,
weisen.**

I.

MEnsch wenn du lernen willst / so fang es an von
innen:
Sey still / so wirst du dich / recht in dir selbst besinnen.
Was du von aussen lernst / das ist der Müh nicht
werth /
GOtt lernt man erst alsdann / wenn man sich in
sich kehrt.
Vergiß was aussen her / schau auch nicht drauf
von fernen;
So wirst du GOtt in dir rechtschaffen kennen lernen.

2.

O HERR / nimm mir das meine /
Und gib mir nur das Deine /
So wird vermittelst deines Liechts /
Was mein ist gleich zu lauter nichts:
Hingegen wird dein Göttlich Jcht /
Durch diß mein Nichts / nicht mehr vernicht.

3.

HERR thust du diß in mir / so bin ich schon genesen:

Und

Und meine Seele wird bequem zu deinem Wesen.

4.

Erlöse einen Geist von meinem eignen Willen;
Und laß dein Wesen mich ohn Eigenthum erfüllen.

5.

Erniedre meine Seel/ HErr Himmels und der Erden/
Damit dein Wesen kan in ihr erfunden werden.

6.

Reiß meine Seel heraus aus allen Fleisches Lüsten/
Wer in Begierden lebt/ der taug zu keinem Christen.

7.

Gib auf mein Inners acht/ halt diß in deinen Schran-
cken/
Treib aus von mir was arg so gar auch in Gedancken.

8.

Gib daß ich meine Wort' erweg auf deiner Wage.
Und umb mein Reden stets die höchste Sorge trage.

9.

Nach deinem Willen/ HERR/ führ meine Lust/ und
Thun/
Daß meine Seele mög' in deinem Wesen ruhn.

10.

Dein heilig Wesen/HERR/laß mich im Leben schauen.
Damit ich meine Seel' auf dich allein kan bauen.

11.

Mach meinen Geist mit dir einwesig in dem Leben:
Laß diß mein Erb-Gut seyn/ sonst darffst du mir nichts
geben.

12.

Ach möchtest du mein Hertz doch gantz und gar umb-
mauren/
Daß dein' Einwesigkeit in mir möcht ewig tauren.

13.

HErr laß doch meinen Sinn sich stets darinnen üben/
Dein heilig Wesen mehr als gar mich selbst zu lieben.

14.

Bewahr mein Hertz / O HERR / vor bösem Luſt-Be-
gehren /
Daß ich dein heilig Recht mög überall verklären.

15.

Erleucht alſo mein Hertz / O HERR! zu deinen Ehren /
Daß ich zuvor mich ſelbſt hernach mög andre lehren.

16.

HErr laß mich deinen Geiſt ſo gnädiglich verſtärcken /
Daß ich dir leben kan nach deines Weſens Wercken.

17.

Welt-Weißheit und Vernunfft wollſt du von mir ent-
fernen /
Daß ich das Leben mag aus deinem Weſen lernen.

18.

Mein Weſen will ich gantz in GOtt's Natur begeben /
Und ſein einweſig Geiſt ſoll ſeyn mein Liecht und Leben.

19.

Erhör HErr mein Gebet allein nach deinem Willen /
Daß ich mich mir verlier / und leb in dir im Stillen.

20.

Wer iſt mit recht ein All ? Der / der ein Nichts kan
heiſſen.
Wer iſt mit recht ein Nichts ? der wie ein All will
gleiſſen.

21.

Kein Kämpffer überwindt / der noch ſo auserleſen /
Als welcher ſeinen Streit beginnt in Gottes Weſen.

22.

Erdulde deinen Feind mit gutem ſtillem Hertzen;
Und laß ihn / denn er trägt ſchon ſeinen eignen Schmertzen.

23.

Was hilfft dich doch der Haß / die Feindſchafft / Zorn
und Neid;

Wer

Wer diese Waffen braucht führt mit GOtt selber
Streit.

24.

Gedenckst du deinen Feind gewiß zu überwinden/
So thu ihm alles Guts: Du wirst die Frucht schon
finden.

25.

Ist jemand als ein Christ dem Guten zugethan/
So geht das Eigen-Gut ihn ferner nicht mehr an;
Und weil er nichts mehr hat als lauter Himmels-
Gut/
So kommts daß er dem Feind' auch nichts als gu-
tes thut.

26.

Wer Feinden gutes thut der hat von Oben Lohn
Und kriegt in jener Welt von GOtt die Gnaden-Cron.
Vor Unruh dieser Zeit hat er die Himmels-Ruh/
Vor Unlust gibt man ihm die Freuden-Frucht
dazu.

27.

Wer seine höchste Lust in nichts hat als in GOtt/
Der hält gewiß zu erst von Hertzen sein Gebet.

28.

Wen seine Lieb und Lust nicht zu den Höchsten trägt/
Der wird auch nach der Zeit mit keiner Lust belegt.

29.

Wer seine Seeligkeit in GOtt will recht betrachten/
Der muß sein Wesen mehr als andre Weisen achten.

Unterricht im Beten: und wie
das Gebet in GOtt fruchtbar werden solle.

1. HErr: Wann deine Güte meine Seele
zu allen Tugenden befangen und mit sich
zu einem Wesen vereinigt hat/ so wird
mein

mein Gebet eine Dancksagung und Lob Gottes/
in deinem heiligen Wesen werden: und dein Geist
der in vergangnen Tagen bezeugt hat: Wer bit-
tet/der empfähet: wird für warhafftig / in meiner
Seele empfinden/ daß ich warhafftig nach deinem
Willen/durch deinen Geist/ gebeten habe. Luc. 11.
v. 10.

2. Dann das Gebet ausser deinem Willen oder
Wesen/ mag in GOtt nicht erhört werden. Es
ist ein heydnisch Gebet/ das viel Wort machet und
nichts erlanget. Ja/ es ist in sich selbsten ein tod-
ter Leib ohne Seele; welcher nicht zum Leben gebären kan/ wie man das wol begreiffen und im
Hertzen empfinden kan/daß alles Beten aus dem
irdischen Wesen unfruchtbar ausser der Natur
Gottes bleibet.

3. Welches man auch wol an vielen Ceremoni-
schen Diensten kan bemercken / daß sie allesamt
(wann sie ausser dem Wesen und der Natur Gottes bedient werden) unfruchtbare Wahne sind /
die keine erneuete Seelen in Christo/zu einem Gottseeligen Leben/gebären.

4. Ja alle Einbildung oder Imagination/ dero
sich der Mensch aus der Vernunfft / ausser dem
Wesen Gottes/annimmt/ sind in ihnen selbst eitel/
und unfruchtbar im Wesen Gottes.

5. Darumb ist das Sprich-Wort warhafftig:
Es ist alles nichts/ das GOtt nicht ist.

6. Und weil dieses bey oder in den irdischen
Menschen unbekannt ist/ hat alles Fleisch (als in
der Zeit Noæ) seinen Weg verderbt: und meinen
daß ihre irdische Gerüchte und Geberden die sie
aus der Vernunfft/ in Feindschafft wider Gottes
Natur/ und wider einander/verbringen/ Gottes-
Dienste seyn.

7. Ach/ liebe Menschen: Seyd doch nicht länger so unverständig und blind in eurem Menschli-
chem Wesen/ also daß ihr nicht könnt urtheilen
was

was ihr seyd? Wormit ihr beweiset/ daß ihr euers
Empfindens und Gefühls gantz beraubt seyd.

8. Es ist wahr: Ihr fühlet wol einen todten
Leib/ [welches die irdische Vernunfft ist:] aber
die Seele [welches die Göttliche Natur in ihrem
heiligen Wesen ist/] fühlet oder erkennet ihr nicht
in eurem Leibe der irdischen Vernunfft.

9. Und darumb ist auch der Leib todt: und hat
keine Göttliche Seele.

10. Und der Mensch muß durch die Pein(Angst)
des Todes gewahr werden/ daß ihn der Tod regie-
ret und begriffen hat.

11. Wann er dann das/ durch das Empfinden
des Todes/ gewahr oder innen wird/ so wird er einen Strick (a) und Furcht des Todes/ in seinem
vernünfftichen Leibe erkennen.

(a) Die Stricke des Todes überwältigten mich. Stricke des
Todes hatten mich umbfangen: 2. Sam. 22. 6. Psalm.
18. 6. Item. 116. 3.

12. Ja/er wird keine todte Leiber/ ohne Seele/
mehr anzunehmen begehren/ ob sie schon noch so
lebendig zu seyn scheinen.

13. [Das ist: Er wird keinen irdischen Ver-
nunfften/ ausser dem Wesen Gottes/ mehr Glauben noch Gehör geben. Dann sie haben seiner
Seelen den Tod zugebracht: und das unter einem heiligen Schein: gleich als ob derselbe Tod
das Leben wäre.]

14. Darumb ist nun die Zeit kommen (wie ge-
meldt ist) daß der versuchte Mensch/ keine todte
Leiber mehr für ein Leben annehmen wird.

15. [Das ist (sagen wir nochmal:) Er wird
keine irdische Vernunfften/ ausser dem heiligen
Wesen Gottes/ mehr in seiner Seele können empfangen oder annehmen/ sie scheinen auch im An-
kommen so heilig/als sie immer wollen.]

16. Ach/ es ist lange genug mit einem todten
Leibe/der ohne Seele ist/geburt. Dann die Früch-

C 6   te des

te des todten Leibes haben den Erdboden unrein
gemacht / also daß keine Göttliche Früchte / dardurch die Seelen leben mögen / aufwachsen können. Welches die Göttliche Natur [die Frucht
des Lebens] in ihrem heiligen Wesen bekant
machet / allda sie in der niedrig- oder demüthigen
Menschheit/die ihre Eigenschafft verläßt/ geboren
wird.

17. Welches die Geburt Christi in der Menschheit ist : die da vielen zu einem Fall / und vielen
zu einem auferstehen ist.

18. [Das ist: Daß sie alle irdische Vernunff-
ten zur Erden niederwirfft: und die Göttliche Natur / mit allen ihren Gliedern und Seelen auf-
hielfft.]

16. Und ist ein Wunder-Werck Gottes / vor
allen Augen die es sehen / und allen Hertzen die
es in der Seelen empfinden / und ausser dem Empfinden in der Seelen / wirds auch nicht erkant
werden.

20. Darumb laßt uns nun alle irdische Ver-
nunfften mit ihren Eigenschafften und Heiligkei-
keiten im Fleische verlassen / und unser Gesicht
und Empfinden gantz und gar setzen (a) auf die
wesentliche Göttliche Natur Christi : welche un-
sere Seele erneuen kan : Und darduch die Göttliche Verheissungen vollbracht werden. Dann alle vorige Heiligen Gottes haben auf Gottes wesentliche Natur gezeugt und den verfallnen Menschen darauf angewiesen.

(a) Darumb umbgürtet die Lenden eures Gemüths : seyd
nüchtern und hoffet vollkömmlich in die Gnade die euch
gegeben ist in der Offenbarung JEsu Christi. 1. Petr.
1. v. 13.

21. Dann das ist sein Fall / daß er Gottes wesentliche Natur verläßt / und eine böse Teufflische
Natur annimmt. Dargegen aber ist wiederumb
sein Auffstehen oder Reformation: daß er die böse Teuff-

ſe Teuffliche Natur verläſſt und ſeine Seele wiederumb mit der Göttlichen Natur zu einem Weſen
vereiniget.

22. Und alle die Dienſtbarkeiten die er darzu
gebrauchen kan/ das ſind Gottes-Dienſte.　Dann
ſie bedienen Gottes Weſen und Natur in der
Menſchheit: und nicht ihre eigne Gerechtigkeit/
zu einem Ruhm und Prahlen im Fleiſche : wie
die vernünfftliche Dienſte thun / die auſſer Gottes Weſen / ihre eigne Gerechtigkeit / im Fleiſche
bedienen: und dann mit ihrer eignen Gerechtigkeit über GOtt und den Menſchen herꞇſchen
wollen.

23. Wormit ſie vor GOtt beweiſen / daß es keine Gottes-Dienſte ſeyn: Sondern ſind Meinungen im Fleiſche : dardurch die Göttliche Natur
im Menſchen getödtet (a) wird : wie an Chriſto
erhellet iſt.

(a) Ich hatte mir nicht vorgeſetzt etwas zuwiſſen in euch ohne
allein JEſum Chriſtum / und denſelben gecreutzigt. 1.
Cor. 2. v. 1.　O ihr thörichten Galater / wer hat euch
bezaubert/daß ihr der Warheit nicht gehorcht / welchem
JESUS Chriſtus vor die Augen gemahlt / und nun in
euch gecreutzigt iſt. Gal. 3. v. 1. Hebr. 6. v. 6. Rom.
8. v. 4.

24. Darumb mag der mit dem Weſen Gottes
noch nicht vereinigte Menſch nun in dieſer Baby-
loniſchen Zeit wol zu ſehen/ unter was Dienſte er
ſeine Seele vertrauet.　Dann daran ligt ſeine Seeligkeit oder Verdammnuß.

25. So er aber kein Volck finden kan / oder kennet / die den friedlichen Dienſt Gottes / zu einem
neuen Leben / in Gottes Weſen bedienen/ ſo muß
er GOtt / in der Verlaugnung ſein ſelbſten bitten/
daß er ihn ſeinen weſentlichen Geiſt in ſeiner Seelen wolle lernen erkennen/ auf daß er von demſelben Geiſte den wahren Gottes-Dienſt zu ſeiner
Seeligkeit möchte empfangen.

　26. Dann

26. Dann der Mensch muß einem GOtt un-
terworffen seyn / oder er muß verloren gehen.

27. Dieweil dann das warhafftig ist / so ge-
bührt jedem Menschen / des Diensts Gottes / zu
seiner Seeligkeit / wahrzunehmen : Welchen
Dienst er vornemlich vom Geiste des HErrn / in
seiner Seelen empfangen muß.

28. Dann die sind Kinder Gottes (wie der heilige Paulus auch bezeugt) die vom Geiste Gottes
getrieben werden. Darinne der HErr auch seine
Verheissungen vest machet / die er in vorigen Tagen seinem Völcke verheissen hat / daß Er sein Gesetz [das ist/seinen wesentlichen Geist] in ihre Hertzen wolle schreiben : und niemand mehr solle sagen : Erkenne den HERRN / dann sie werden
Ihn alle kennen / vom Kleinsten biß zum Gröss-
ten.

29. Welches der rechte und wahre Dienst Gottes ist / den wir nun / in diesem letzten Theile der
Zeit/wahrzunehmen haben / auf daß wir dardurch
aus diesem vertheilten Babylonischen Wesen erlöst möchten werden.

30. Der HErr wolle uns allensamt / durch seinen wesentlichen Geist / in einer süssen Stille er-
wecken / und aus aller Verwirrung der irrdischen
Vernunfft erlösen/daß wir alle zugleich / in einem
Göttlichen Wesen darzu getrieben werden / und
das zum Preiß Gottes / und zu unser aller Seelig-
keit/ Amen.

Antwort auf eine Frage.

1. Auf diesen angeführten Unterricht im Gebet :
und wie das Gebet in GOtt fruchtbar wer-
den solle / dient auch noch wol das jenige so ein ei-
feriger Liebhaber der Warheit gefragt hat : Ob /
nemlich / nun nicht so wol gute Menschen seynd
- als

als vormals/ die GOtt können Bitten/ daß die
Boßheit möchte aufhören.

Antwort.

2. GOtt läfft sich/ durch Seinselbsten Geist/
der aus seinem Wesen geflossen ist/ wol erbitten in
Sachen die er dem Menschen zu einer Straffe
aufgelegt. Massen in vorigen Tagen prophetscher Weise geschahe/ daß sein dienstlicher Geist
bath das sündige Volck [die fleischliche Lüste und
Begierden] zu straffen/ daß es in drey Jahren und
sechs Monden nicht solte regnen/ und es regnete
auch nicht. Und daß er wiederumb bath/ daß es
regnen solte/und es regnete. 1 Reg.17. 1. und 18:
42.45. Jac. 5. v. 12.

3. Dieser Regen umb welchen die Prophezeyhung bath/ daß ihn der HErr aufhalten solte/ die
Sünden dardurch gesetzlich zu straffen/ ist der
Ausfluß Gottes [der himmlische Thau] darmit
alle Seelen gelabt werden müssen/ oder sie müssen
für Dürre verschmachten. Und die Ursach/ daß
die Propheyhung darumb bat/ war/ daß die
irdische Vernunfft/ in seinem eignem verhärten
Wesen/ die Göttliche ausflüssende Prophezeyhung/ zu seiner Seeligkeit nicht begehrte anzunehmen: sondern dieselbe lieber tödten wolte.
Und als die Prophezeyhung sahe/daß das Menschliche Wesen in seiner verdorrten verhärteten Boßheit verschmachten müste/ bath sie wiederumb/
daß der HErr seinen Himmel aufthun und seinen
Geist wieder fliessen lassen wolte/ in die verhärtete irdische Hertzen/ in Hoffnung daß sie Busse
thun solten. Wormit die Gottheit ihre Liebe zum
Menschlichen Wesen beweiset.

4. Sehet! diß und andere Gebete mehr hat der
Geist Gottes/ prophetischer Weise/ selbst aus seiner dienstlichen Prophezeyhung/ nach der Weise
des

des Gesetzes/ gethan/ und nicht menschlicher Weise: Darumb heisst es der Prophet: Mein GOtt/ mein starcker GOtt!

5. Ja : in der Alten Dienste und Testamente ist die Gottheit noch nicht vermenscht gewest. Noch dannoch sind in seinem Gesetzlichen Dienste und Testamente/ Männer Gottes gewesen (ich meine die männliche Krafft Gottes) aber GOtt war noch nicht vermenscht.

6. Darumb musten die Männer Gottes allzeit gesetzlich wider ihre Feinde im Streite stehen.

7. GOtt gab wol Prophezeyhungen aus/ daß *Mich.* die Zeit kommen werde/ daß man friedlich ein je-
4. *4.* der unter seinem Wein-Stocke werde sitzen: und *Es. 2.* daß man die Schwerdter zu Pflug-Schaaren ma-
4. chen werde. Allein das konte nicht geschehen/ ☞ oder die Gottheit muste zuvor vermenscht seyn/ und die Gottheit konte nicht vermenscht werden/ ☞ oder das Gesetz und die Propheten muste erst/ in ihrem Dienste/erfüllt und vollbracht,seyn: darauf alle Vor-Vätter des alten Testaments warteten.

8. Und diese Vollbringung muß aus der Hochheit in die Niedrigkeit / aus der Großheit in die Kleinheit: und aus dem vergänglichen Leben/ in den Tod geschehen: Inmassen an Christo erhellet ist. Welcher Kleinheit und Verachtung sich die ☞ Gottheit erst annimmt/ und geistet aus ihrem hohen himmlischen Wesen in das irdische erniederte Wesen/ dem Menschen/ mit ihrem Tode / daraus zu helffen. Das aber kan nicht geschehen/ oder die Menschheit muß sich auch mit der Gottheit ausser ihrer Hoheit des Fleisches / in die kleine Christliche Niedrigkeit begeben / und sich selber achten als ob sie in ihrem irdischen Leben tod wäre/wie sie dann ist.

9. Und wann die Gottheit die Menschheit so klein in ihr selbsten findet / wie sie auch ist / so nimmt die Gottheit die erniedrigte Menschheit
an/

an / und wird auch Menſch in ihrer Kleinheit.
Wordurch dann die Menſchheit die Göttliche
Krafft (ſo wöl geſetzlich/ die Sünde zu tödten / als
gnädiglich/ſeelig zu werden) empfähet.

10. Wann die Gottheit Chriſti dann in Kleinheit vermenſcht iſt/ ſo begibt er ſich dann ins Ge-
bet/zu ſeinem himmliſchen Vatter / und bittet für
die Menſchheit die er angenommen hat : Und
das iſt vor dem himmliſchen GOtt (der ein Vatter der Gottheit Chriſti iſt) ein angenehm un-
geeigent Gebet. Welches die Gottheit die die
Menſchheit angenommen hat / derſelben Menſchheit auch lehret beten : Unſer Vatter : Dein Wille geſchehe im Himmel und auf der Erden.

11. Ehe aber die Menſchheit diß Gebet in der
Krafft kan beten / muß ſie der Göttlichen Geburt
theilhafftig ſeyn. Dann ſo lange ſie in Eigenſchafft
nach dem Sinne des Fleiſches bittet / wird ſie von
dem freyen himliſchen GOtt nicht erhört. Dann
GOtt will ſeine freye himmliſche Gaben / keiner
Eigenſchafft des Fleiſches geben.

12. Sehet : So lange die Menſchheit / nach
dem irdiſchen eigenſinnigen Weſen / in ihrer Eigenſchafft begriffen ſtehet / ſo kan ſie in ihrem Gebet von den himmliſchen freyen ungeeigneten
GOtt nicht erhört werden. Dann GOtt erhört/
im Gebet/ niemanden / dann der in ſeinem ſelbſten
Geiſte / welcher aus ſeinem Geiſte und Weſen ge-
floſſen iſt/bittet: der anders nichts in ſeinem Gebet ſuchet / dann daß in ihme der Wille Gottes
möchte geſchehen : Es ſey dann in Prophezeyhungen / oder es ſey in der Geburt Chriſti im Geiſte.
Ja/ wo Gottes Geiſt bittet / allda wird man von
GOtt erhört; weil man nach dem Willen Gottes
bittet/und im Gebet nichts anders begehrt.

13. Darumb iſt das Beten des irdiſchen Menſchen / der unter der Göttlichen Lehre nicht gehor-
ſamlich gebogen ſtehet / alles vergebens. Er machet

cht dann mit den Lippen so viel Worte als er kan
oder will / so ists doch vor dem himmlischen Gotte
eine Bespottung : Obwol der irdische Mensch
meint / daß er von GOtt den Himmel darfür haben solle.

14. Der sich aber in Kleinheit sein selbst / der
himmlischen Gottheit in Christo übergibt mit
gantzem Hertzen / und die Gottheit in ihrer Kleinheit / zur Verlaugnung seiner fleischlichen Begierden / zu einem Dienste Gottes annimmt / und der
Gottheit mit gantzem Hertzen gebogen stehet / in
demselben nimmt die Gottheit die Menschheit/
die sich selber verlaugnet und verloren hat / wiederumb an / und vereinigt sich zu einem Geiste
und Wesen mit der erniedrigten Menschheit. Ja/
alsbann betet der Geist Gottes / durch Christum/
für die Menschheit: und das wesentlich / und auch
figürlich-prophetischer Weise. Und die Menschheit / die sich der Gottheit übergeben hat / betet
mit der Gottheit: und das nach dem Willen des
himmlischen Vatters. Gleichwie der Christus
GOttes in seiner Menschheit betet (wann sein
Leyden vorhanden ist nach der Menschheit) und
spricht: O Vatter: ists müglich / so nimm diesen
Kelch des Todes von mir: doch nicht wie ich will/
sondern/O Vatter wie du willst.

15. Wordurch der Christus Gottes verkläret/
daß Er gantz in die Verlaugnung sein selbst ein-
gehe/und darmit beweiset / daß er der warhafftige
Christus Gottes sey / der das menschliche Wesen/
das unter seinem Gehorsam gebogen stehet / erlösen werde von dem verdammlichen Tode. Wormit er die gehorsame Menschheit willig machet/
daß sie ihr gottlos Leben / umb Christus willen /
auch verlaugnen solle. Und wer Ihme in der
Verlaugnung nachfolget / der wird in seinem Gebet erhört werden / dieweil er / im Wesen Gottes/
nach dem Willen des Vatters betet.

16. Se

16. Sehet: Wer alſo nach dem Willen des himmliſchen Vatters betet / der bekommt alles darumb er bittet: Und ſo lange man alſo im Weſen Gottes nicht betet / ſo iſts vor GOtt kein Gebet: ob man mit den Lippen noch ſo viel Geplappers machte.

17. Noch dannoch meinet der Sinn des Fleiſches / daß er durch viel Lippen-Worte von GOtt erhört werden ſolle: Aber er iſt mit ſeinem Lippen-Gebet und mit ſeinen bildlichen vernünfftlichen Ceremoniſchen Dienſten betrogen / ſo lange er dieſelben umb ſeinen eignen Lohn bedient. Wie ſolches ein Göttlicher Menſch an ſich ſelbſt und an allen Ceremoniſchen Völckern durch das Liecht Chriſti / wol ſehen mag / wie das Volck / die man Juden heiſſt / mit ihren Ceremonien und langen Gebeten verblendet / betrogen und belogen ſeyn.

18. Darnach mag man auch auf die eingebildete oder vermeinte Chriſten ſehen / wie auch dieſe mit ihren vermeinten Ceremonien verblendt ſeyn: alſo daß ſie nichts dann Zwitracht und Uneinigkeit mit ihren vernünfflichen getichteten Ceremonien anrichten. Dann ſie dienen / mit ihren Ceremonien / dem Schatten vor dem Manne / der ſelbigen von ſich gibt. Ja / ſie dienen nicht eins dem Schatten eines Mannes: ſondern ſie dienen den Schatten die eine eitle Vernunfft von ſich geben [nemlich / eine eitle Einbildung /] darmit alles Fleiſch betrogen iſt: Es ſeyn dann Juden oder Chriſten / oder auch andere unerleuchtete Menſchen / ſo ſind ſie doch auſſer dem Geiſte Chriſti / mit ihren getichteten Ceremonien / vor GOtt nicht angenehm.

19. Darumb ſagte der Chriſtus Gottes zu ſeinen Jüngern: Bittet in meinem Namen [das iſt / in ſeinem heiligen Weſen] ſo werdet ihr erlangen. Und weiln ſie in Gottes Weſen nicht gebetet hatten/
ten/

ten / ſagt Er: Bißher habt ihr nicht gebetet. Johan. 16. v. 24.

20. Ey mercket doch wie der irꝛdiſche Menſch / der umb ſeine Eigenſchafft bittet / in ſeinem Gebet gegründet iſt / umb von GOtt zu bekommen darumb er bittet. Es iſt wie der HErꝛ ſagt, zum irꝛdiſchen Menſchen der viel Geberden / in ſeinem Gebete / mit den Lippen macht / ſeine Eigenſchafft zu erlangen: Du ehreſt mich mit deinen Lippen / und dein Hertz iſt ferne von mir. Darumb kan er mit ſeinem Gebet keine Boßheit aus ſeinem Hertzen treiben: aber wol mit einer heuchleriſchen Heiligkeit ſtärcken.

21. Darumb weiß ich niemanden keine natürliche Menſchen / auſſer ſich zu weiſen / die durch ihr Lippen-Gebet / den Himmel ſolten können ſchlieſſen oder aufthun. Sondern ich weiſe iedweden zur neugebornen Menſchheit Chriſti / die wir alleſamt / ſo wir ſothanigen Menſchen ſehen wollen / in der andern Geburt aus dem himmliſchen Weſen müſſen ſuchen: und das in der Demuth Chriſti / im inwendigſten unſerer Hertzen. Und zu dem Ende muß man in die Chriſtliche Verlaugnung mit Chriſto eingehen / und dieſelbe unter dem Göttlichen Gehorſam annehmen / und alſo (wie der Chriſtus Gottes zu ſeinen Lehr-Jüngern ſagt) in Galileam [das iſt / in die Umbwendung ſein ſelbſten / zur Gottheit:] gehen / und allda wird man den Chriſtum Gottes ſehen / taſten / fühlen: wie Er auch vorhin verheiſſen hat. Matth. 28. v. 10.

22. Sehet: Wer dem wahren Chriſto / in der Umbwendung aus Fleiſch in den Geiſt / allda nachfolgt / der wird mit Chriſto in ſeinem Gebete erhört / und erlangt alles was er von ſeinem H. himmliſchen Vatter bittet. Und das geſchicht ihm darumb / weil er nicht umb ſeine Eigenſchafft bittet. Dann im Reiche Chriſti gebraucht man keiner Eigen-

Eigenschafft. Darumb kommt auch keine Zwietracht darein. Und wo keine Zwietracht umb Eigenschafft ist/da ist auch keine Verdammnuß.

23. Merckt doch wol aufs Fundament des Ge-
bets/ und darzu ist die Christliche Verlaugnung
ein heiliger Gottseeliger Dienst/ dieweiln sie die
verdamliche Eigenschafft aus dem Hertzen der
gehorsamen Menschheit vertreibet/ und zu nichte
machet/ und daß das Gebet vor GOtt in den
Himmel auffsteiget: Ja/ das friedsame Reich
Christi im Hertzen der gehorsamen Menschheit
wieder anrichtet. Nach welchem Reich Christi
alle vorige Heiligen Gottes verlangt und darumb gearbeitet haben/ so wol im Gesetz und in den
Prophezeyhungen/ als in dem Leyden und Streiten wider die Feinde des Gottseeligen Lebens.

24. Darumb die Lehr-Jünger Christi ihren
HErrn des Reichs [den Christum Gottes] frag-
ten : Wann er seyn Reich des himmlischen Lebens
werde aufrichten ? Welches der unerleuchte xc.
Mensch nun auch wol fragen möchte; dieweil so 1. v. 6
viel verschiedene Meinungen bey den Menschen
Kindern davon sind. Der eine will es droben im
firmamentischen Himmel haben/ wann die Creatur tob ist. Ein anber will es auf der Erden ha-
ben/ weil die Creatur noch lebet. Der britte wills
haben wann der Jüngste Tag kommen ist. Und
dann will ein jeglicher/ daß er in seiner Meinung
ober Religion werde aufgericht werden : Und
schliefft einen andern der auch eifert/ daraus/ wie
er meinet.

25. Ach/ das sind allesamt irrende vernünffti-
che Meinungen/ die kein Gesicht noch Gefühl oder
Empfinden vom Reiche Christi haben: und weder
Zeit noch Ort darvon wissen. Und wissen auch
nicht in was vor einem Wesen oder wann Ers
aufrichten will. Ach sie kennen das Reich Christi nicht / dieweil ihre Hertzen annoch fleischlich
sind.

ſind. Dann der Geiſt Chriſti hat geſagt und ſagt
noch : Daß Fleiſch und Blut das Reich Chriſti
nicht beſitzen werde. 1. Cor. 15. v. 50.

26. Verſtehts recht nach des himmliſchen Weſens Natur: Das ewige freye himmliſche Weſen
nimmt ſich keiner irdiſchen vergänglichen Eigenſchafft nach dem Fleiſch an.

27. Merck wol auf lieber Leſer / und verlaß mit
einem Luſte deines Hertzens den eignen irdiſchen
vernünfftlichen Geiſt (a); und nimm den demüthigen Geiſt JEſu Chriſti (b) im innwendigſten
deines Hertzens wahr / der wird dir den rechten
Unterſchied geben / wer das Reich der Himmel beſitzen werde. Und der Unterſchied iſt; alles was
die ewige himmliſche Gottheit Chriſti / von der
vergänglichen Menſchheit annimmet ſie zu erlö-
ſen/das übergibt ſie der vergänglichen Erde. Und
das iſt der vergängliche Tod / den ſie von der
Menſchheit angenommen hat / der bey der lebendigen Gottheit Chriſti nicht bleiben mag / nachdem ſie einmal in der Menſchheit geſtorben iſt/ und
gen Himmel in ihr ewig Reich aufführet oder
geiſtet.

(a) Darumb ſehet euch vor für eurem eignen Geiſte : und
laſſt denſelben nicht treuloß handeln an (b) dem Weibe
deiner Jugend. Malach. 2. v. 14/ 15/ 16.

28. Sehet: alſo und in dieſer Weiſe muß die
Menſchliche Seele dem Chriſto Gottes nachfol-
folgen und in ihrem Luſt und Leben alles verlaſ-
ſen was irdiſch und vergänglich iſt: und in allen
vergänglichen Dingen den Tod für das Leben er-
wehlen / und wann das vergängliche Leben des
Todes mit Chriſto im fleiſchlichen Leben geſtorben
iſt / ſo wird der weſentliche Chriſtus Gottes ſein
weſentlich Reich in der geſtorbnen Menſchheit (c)
aufrichten im himmliſchen Weſen. Und alsdann
wird die Seele wiſſen / und im Gottſeeligen Leben
empfinden/ wann und an was für Ort oder Stä-
te der

te der **Chriſtus** Gottes ſein Reich werde aufrichten / und wird dann nicht mehr von den irꞇdiſchen
Geiſtern belogen und betrogen werden. Actor.
1. v. 6.

(c) Sind wir aber mit Chriſto geſtorben: ſo glauben wir / daß
wir auch mit ihm leben werden. Rom. 6. v. 8. 2. Tim.
2. v. 11.

29. Dann wann das Reich der Himmel kommt /
ſo muß die irꞇdiſche Finſternuß weichen: und
wann das himmliſche Leben kommt / ſo muß der
irꞇdiſche Tod untergehen. Alſo daß im Reiche
Chriſti kein Tod noch Vergänglichkeit beſtehen mag.

30. Und es mag auch niemand in das ſeelige
Reich Chriſti kommen / der ſeinen Luſt und Leben
noch im Fleiſch und Blute / oder in eigen vergänglichen Dingen hat: ja wer Fleiſch und Blute un-
terworffen / iſt aus dem Reiche Chriſti geſchloſſen /
und kennet weder Chriſtum noch ſein Reich / dieweil er fleiſchlich geſinnet iſt / und im Geiſte Chriſti
nicht lebet. Dann fleiſchlich geſinnet ſeyn iſt der
Tod. Rom. 6.8.

31. Ja / wer den Geiſt Chriſti nicht hat / der
gehört Ihme nicht zu / wie Paulus auch bezeuget.
Wie ſolten dann die irꞇdiſche Geiſter das himmliſche Reich Chriſti erkennen. Ach / nein. Es iſt
allen fleiſchlichen Sinnen und irꞇdiſchen Vernunff-
ten ein verborgen Reich. Darumb ſie nach der
himmliſchen Warheit kein Zeugnuß darvon geben können. Noch dannoch will die irꞇdiſche Vernunfft gewaltig darvon zeugen : und bekommt in
der verwüſten Zeit alle fleiſchliche Geiſter zu ſeinen Lehſt-Jüngern. Daher ſie den Erd-Boden
einnimmt / und führet das Urtheil auf der Erden /
zu einem Tode oder Untergange des himmliſchen
Chriſti Gottes.

32. Ach du verfaßten irꞇdiſch Weſen: Sihe doch
in dich ſelber wie du die Göttliche Natur [den
Chriſtum Gottes] mit der Eigenſinnigkeit des
Fleiſches /

Fleisches / in dir tödtest (a) und aus deinem Hertzen treibest: Und wann du dieses über deinem
Verfall einsihest / so wirst du durch Angst / in deiner Seelen wol bewegt werden/ dich/ in Demuth/
zum Gebet zu begeben. Dann Angst lehrt beten.
Und wann die Angst die Seele zum Beten getrieben hat/muß man sich selbsten erforschen / warumb
man bete: Obs umb die Eigenschafft im Fleische/
oder obs umb Gottes Willen sey / daß der möge
geschehen im Himmel und auf der Erden.

(a) Ich hatte mir nicht vorgesetzt etwas zu wissen in euch / ohne
allein JEsum Christum / und denselben gecreutzigt. 1.
Cor. 2. 2. Wer hat euch bezaubert / daß ihr der Warheit nicht gehorcht / welchen Christus vor die Augen gemahlt und nun in euch gecreutziget ist. Gal. 3. v. 1.
Hebr. 6. v. 6.

33. Sehet / wer nach dem Willen Gottes betet
der wird zu seiner Seeligkeit erhört: Und wer
umb seine Eigenschafft betet / der erlangt nichts.
Und wann ers erlangt/ so empfähet ers in Eigenschafft ausser dem Gottseeligen Leben.

34. Umb dann recht nach dem Willen Gottes
zu beten / so muß man mit Fleiß auf den Grund
dieser Gebete und Lieder acht haben: Insonder-
heit auf den Grund und Geist dieses letzten Ge-
bets. Zu welchem Ende wir bitten / daß der Wille Gottes über uns allen geschehen möge/ Amen.

Ein Gebet zu dem Wesentlichen GOTT.

1. O Krafft und Macht des himmlischen Wesens: Meine Seele rufft deine Gnade und
Barmhertzigkeit in der Zeit der Noth an: Und
bittet dich in Demuth meines Hertzens/daß du deine
gnädige Augen über mein beängstigtes Elend wollest aufthun / und die grosse betrübte Aengstigung
meiner Seelen ansehen. Dann die Feinde deines
heiligen

heiligen Wesens ~~und~~ mannigfaltig wider dein
~~~~ aus~~ wollen mich zu reissen und
zu nichte machen an Seel/ Geist und Leibe: dieweiln ich mich deinem wesentlichen Geiste/ im Ge-
~~~~ ~~untergebe.~~

2. Darumb/ O HErr des Himmels und der
Erden/ bitte ich deine gnädige Güte/ daß sie über
meine betrübte Seele wolle wachen/ und Sorge
tragen/ damit der gottlose Geist nicht seine böse
Lüste über sie gebrauche. Und bewahre mich für
der neidigen Eigenschafft des Teuffels: und das/
O HErr/ zu deinem Preiß und meiner Seeligkeit.
Und bringe dein gerechtes Urtheil über deine und
meine Feinde/ auf daß deine gnädige Güte und
Gerechtigkeit/ jedwede an ihrem Orte/ möchte in
der Seelen offenbar werden vor Himmel und Erde: und die Feinde deines Lebens mögen sehen
und erkennen/ daß dein heiliger Name in Israel
noch lebe/ und über sein Volck regiere/ auch die
Elende trösten kan mit seiner Gnade/ und die Bösen straffen mit seiner Gerechtigkeit: Worfür alle
beängstigte Seelen/ O HErr! deine Güte und Gnade werden preisen und lieben: und die stoltze auf-
geblasene böse Geister werden dein Urtheil der Gerechtigkeit fürchten/ und ihre Boßheit zu einer
schweren Last empfinden und erkennen/ und dieselbe zu verlassen/ oder darinnen verdammt zu
werden.

3. O HErr! Du wollest mein seufftzend und
demüthiges Gebet hierinne erhören: oder ich muß
unter den Bösen vergehen. Welches deinem heiligen Namen eine Schmach solte seyn/ weiln man
deine Güte in Zeit der Noth oder Angst nicht erkennen oder empfinden/ noch dein gerechtes Urtheil
nicht fürchten würde.

4. Darumb bitte ich dich/ O gnädiger GOtt/
daß du diß/ umb deiner Güte willen/ also geschehen
lassen wollest. Amen.

Lieder. O Noch

Noch eine Bekanntnuß des Glaubens
Reim weis gestellt.

Vor GOtt bekenn ich frey / der mir schuf Seel und
Leben/
So sag ich auch vor dem / der Warheit liebt darneben:
In aller dieser Zeit/die sich nur zu uns kehrt/
In der GOtt seinen Geist und Wesen frey ver-
klärt.
Daß ich die Seeligkeit/ Verdammnuß und die Hölle
Auf nichts was Element / und was dergleichen stelle:
Auch meines Lebens Lust durchaus nicht steht
darinn/
Wie diß des Fleisches Wahn und eingebildte
Sinn.
Dann ich empfang' mein Heil auch meine Lust und Le-
ben/
Allein aus Gottes Liecht drinn' Erd' und Himmel
schweben:
Dem ichs auch wiedergeb': und folg dariñ allein
Der Heiligen Gottes nach/die so gegangen seyn.
Hierdurch begab ich mich mit Christo zu bestreiten
Was Erd und gottloß ist und sich kan heuchlisch brestē:
So auch des Fleisches Lust und allen stoltzen Sinn/
Und wo was wider mich im innern sucht Gewinn.
Hierinn erwehl ich mir nach JEsu Christi Lehre /
Vors Leben stets den Tod/ und Schande vor die Ehre:
Und unter dieser Lehr und Gottes Würcklichkeit
Halt ich vor meinen Leib nichts als zur Noth be-
reit:
Der muß in Zucht und Maaß von mir sich lassen täubē/
Und in der Redlichkeit rechtschaffner Seelen bleiben:
Ich leid ihm keine Lust die sich zur Sünde kehrt/
Und was ein ander hat wird nie von mir begehrt.
Was unkeusch flieh ich gantz / und alles Huren-Win-
cken;
So auch den Uberfluß von Essen und von Trincken:

Auch

Auch hab ich nicht zu thun mit irrdischem hohen
    Pracht/
Den/wer nicht neu-geborn / doch gleichwol rühm-
    lich acht :
Durch eitel/wüstes Thun / leichtfertig/grobes Wesen/
Kan meine Seele nicht/denckt auch nicht zu genesen :
    Dadurch wird Gottes Gesetz vergessen und verjagt;
    Wie auch die Redlichkeit : diß warn ich unver-
    zagt.
In aller Herren Land/Staat/oder König-Reichen/
Nehm ich ihr' Ordnung an/ wie andre meines gleichen;
    So daß kein einig Mensch mit recht als Bider-
    Mann/
    Was/weder groß noch klein darwider sagen kan.
In der Gehorsamkeit und ungefälschtem Wandel
Gönn ich auch iederman sein Thun und seinen Handel/
    Nehm auch in allem sonst den Segen Gottes
    wahr/
    Wie ich in GOTT vermäg und so von Jahr zu
    Jahr.
Wehl auch nach eigner Lust mir weder Tod noch Leben /
Was GOtt befihlt/ gescheh/ und so wie ers will geben :
    Zum Leben steh ich da/zum sterben bin ich frey
    Nur daß ich immerdar des Höchsten Werck-Zeug
    sey.
Und dancke meinem GOtt vor seine milde Gnaden/
Damit er spat und früh / mich / ders nicht werth / bela-
    den :
    Diß ist mein Glaubens-Zweck / auch mein und
    Gottes Grund/
    Darinn mein Seel und Leib beruht in Gottes
    Bund.

E N D E.

Druck-Fehler im Lieder- und Gebet-Büchlein zu verbessern sind:

In der Vorrede v. 3. l. 6. für dann lege dann allein. l. 10. l. 5. und l. und die. pag. 18. v. 10. l. der annmehr nunmehr. p. 20. v 8. vor wird l. wir p. 41. l. 2. vor sein l. sein. In der Ermahnung nach den Liedern v. 14. l. sehlich l. sprechlich. ibid: v. 21. l. 2. sich viel l. sich so viel. ibid. l. 5. also daß l. also daß sie. in eben diesem l. sie in l. in v. 22. l. 2. in l. mit. In den Sprüchen. v. 4. l. 1. Erlösen einen l. Erlöse meinen. Im Unterricht im Beten l. l. Seele empfinden l Seelen erkannt werden / und ich weiß in meiner Seelen empfinden. Ibid. v. 2. l. 1. Und und es soll v. 26. l. 1. Gott l. Gottes-Dienste. In der Antwort auf die Frage v. 3. l. 8. seinem l. ihrem. ibid. l. 11. tödten wolte l. tödten helffen wolte. v. 5. l. 3. und in l. und allda in v. 7. l. 8. muste l. musten v. 10. l. 4 hat. l. hat und nicht für sich selbsten: v. 29. l. 1. Reich l. Liecht. v. 31. l. 10. der dieser. v. 32. l. 1. irdisch l. menschlich.

www.ingramcontent.com/pod-product-compliance
Lightning Source LLC
Chambersburg PA
CBHW022144090426
42742CB00010B/1391